JN099144

不動産事業者の消費税インボイス

登録する？

しない？

佐々木重徳 SASAKI Shigenori ［著］

中央経済社

～はじめに～

　2023年10月１日から消費税のインボイス制度が導入されます。インボイス制度の導入が決まり，法人，個人事業主を問わず，幅広い業界・業種に影響を与えています。

　消費税は，過去に改正に次ぐ改正を重ねた結果，複雑化していますが，インボイス制度の導入により，更に複雑化することが予想されます。

　株式会社日税連保険サービスによる，「税理士職業賠償責任保険事故事例（2021年７月１日〜2022年６月30日）」によると，全体の事故件数581件，支払金額17億７千万円とありますが，そのうち消費税の事故件数は282件（48.5％），支払金額７億７千万円（43.5％）と，消費税に係る事故が全体の半数近くを占めていることが分かります。

　なお，消費税の事故件数282件のうち，193件（約68％）が届出書の提出を失念したケースとなります。インボイス制度の導入により，消費税の手続きが更に複雑化することで，実務の現場に与える影響は決して小さくないと考えられます。

　ところで，不動産に係る消費税については，ふるくは自動販売機スキームや休眠会社の活用，近年では金地金の取引による，いわゆる「消費税還付スキーム」が横行した背景もあり，改正と新スキームのいたちごっこが続いていましたが，令和２年度税制改正により，居住用賃貸建物の取得にあたり仕入税額控除が制限されることになりました。

　この改正に加え，インボイス制度の導入及び経過措置，令和５年度税制改正大綱（令和４年12月16日）に記載の「２割特例」により，不動産に係

る消費税については，これまで以上に慎重な判断が求められることになるでしょう。

　本書は，インボイス制度の影響について，不動産の取得から，賃貸・転用，売却まで，不動産に焦点を絞って整理しています。税理士や公認会計士，会計事務所の職員や企業の経理担当者のみでなく，不動産会社や不動産ファンドの職員，不動産オーナーにとっても，有益な内容となるよう心掛けています。

　最後になりましたが，本書の企画時から貴重なご助言をいただいた，株式会社中央経済社秋山宗一編集長には，心より感謝しております。

2023年3月吉日

税理士・不動産鑑定士　佐々木　重徳

※　本書は2023年3月1日現在の法令，通達，Q&Aに基づいています。したがって，「令和5年度税制改正大綱」（自由民主党・公明党）に盛り込まれた改正案（法律案は3月28日成立）は予定とし記述しています。

はじめに

令和5年度税制改正大綱における
「小規模事業者に係る税額控除に関する経過措置」／10

第2部　インボイス後

8

凡　例

参照条文の表記方法

消費税法第30条第10項➡消法30⑩

法令通達の略語

消費税法（令和5年3月1日現在）➡消法

消費税法（令和5年10月1日現在）➡新消法

消費税法施行令➡消令

消費税法施行規則➡消規

消費税法基本通達➡消基通

令和５年度税制改正大綱における
「小規模事業者に係る税額控除に関する経過措置」

解 説

　令和５年度税制改正大綱（令和４年12月16日）にて，令和５年10月１日
から令和８年９月30日の属する各課税期間において，免税事業者が適格請
求書発行事業者として課税事業者になる場合，納付税額を課税標準額に対
する消費税額の２割とする緩和措置（小規模事業者に係る税額控除に関す
る経過措置（以下，「２割特例」という））が講じられることとなりました。

【令和５年度税制改正大綱より抜粋】
（１）適格請求書発行事業者となる小規模事業者に係る税額控除に関す
　　　る経過措置
　①　適格請求書発行事業者の令和５年10月１日から令和８年９月30日
　　　までの日の属する各課税期間において，免税事業者が適格請求書発
　　　行事業者となったこと又は課税事業者選択届出書を提出したことに
　　　より事業者免税点制度の適用を受けられないこととなる場合には，
　　　その課税期間における課税標準額に対する消費税額から控除する金
　　　額を，当該課税標準額に対する消費税額に８割を乗じた額とするこ
　　　とにより，納付税額を当該課税標準額に対する消費税額の２割とす
　　　ることができることとする。
　（注１）上記の措置は，課税期間の特例の適用を受ける課税期間及び
　　　　　令和５年10月１日前から課税事業者選択届出書の提出により引
　　　　　き続き事業者免税点制度の適用を受けられないこととなる同日

の属する課税期間については，適用しない。
（注２）課税事業者選択届出書を提出したことにより令和５年10月１日の属する課税期間から事業者免税点制度の適用を受けられないこととなる適格請求書発行事業者が，当該課税期間中に課税事業者選択不適用届出書を提出したときは，当該課税期間からその課税事業者選択届出書は効力を失うこととする。

② 　適格請求書発行事業者が上記①の適用を受けようとする場合には，確定申告書にその旨を付記するものとする。

③ 　上記①の適用を受けた適格請求書発行事業者が，当該適用を受けた課税期間の翌課税期間中に，簡易課税制度の適用を受ける旨の届出書を納税地を所轄する税務署長に提出したときは，その提出した日の属する課税期間から簡易課税制度の適用を認めることとする。

④ 　その他所要の措置を講ずる。

【対象期間】

令和５年10月１日に登録した場合の対象期間，適用対象者は次のとおりです。

・個人事業者

令和５年申告（対象期間：令和５年10月～12月）
令和６年申告（対象期間：令和６年１月～12月）
令和７年申告（対象期間：令和７年１月～12月）
令和８年申告（対象期間：令和８年１月～12月）

・法人（３月決算）

令和６年３月期申告（対象期間：令和５年10月～令和６年３月）
令和７年３月期申告（対象期間：令和６年４月～令和７年３月）

令和8年3月期申告（対象期間：令和7年4月〜令和8年3月）

令和9年3月期申告（対象期間：令和8年4月〜令和9年3月）

【適用対象】

・免税事業者が適格請求書発行事業者の登録を受けて課税事業者となる場合

・課税事業者選択届出書を提出し，適格請求書発行事業者の登録を受ける場合（令和5年10月1日以降に課税事業者となる場合）

【適用対象外】

・課税期間の特例の適用を受ける課税期間

・基準期間の課税売上高が1,000万円を超える場合

・資本金1,000万円以上の新設法人

・調整対象固定資産や高額特定資産の取得等により，インボイス制度と関係なく課税事業者となる場合

・令和5年10月1日前から課税事業者選択届出書の提出により引き続き事業者免税点制度の適用を受けられないこととなる同日の属する課税期間（※）。

※例えば，個人事業者が令和4年11月に課税事業者選択届出書と適格請求書発行事業者の登録申請を行い，令和5年1月1日から課税事業者となる場合，令和5年10月〜12月の期間について，特例の適用を受けることができません。この場合，救済措置として，令和5年4月1日から同年12月31日までに課税事業者選択不適用届出書を提出することによって，令和5年1月〜9月の期間が免税事業者，同年10月以降は適格請求書発行事業者として2割特例を適用することができます。

【納付税額】

　納付税額は，次のとおり，課税標準額に対する消費税額の２割となります。

（計算式）
納付税額＝課税標準額に対する消費税額－課税標準額に対する消費税額×80％

　２割特例においては，簡易課税制度における事業に応じた区分が不要です。なお，事業区分が第１種事業（みなし仕入率90％）の場合，簡易課税を選択した方が有利となります。

【簡易課税制度】

　２割特例の適用を受けた適格請求書発行事業者が，当該適用を受けた課税期間の翌課税期間中に，簡易課税制度選択届出書を提出したときは，その提出した日の属する課税期間から簡易課税制度の適用を受けることができます。

＊本経過措置の記述は財務省HP等を参考にして著者作成。

第1部

インボイス前

QA1 個人事業主（免税事業者）の店舗の取得

Q

　　個人事業主（免税事業者）が，次の区分所有店舗を取得しました。建物に係る消費税の取扱いについて教えてください。

（取得価格）	
土地	：1,000万円
建物（税抜）	：500万円
建物に係る消費税	：50万円

A 消費税の処理はありません。

解　説 （Q24参照）

　免税事業者は，その課税期間における課税資産の譲渡等について，納税義務が免除されます（消法9）。よって，建物に係る消費税は仕入税額控除の適用はありません。

QA2　個人事業主（免税事業者）の店舗の賃貸

Q

　　個人事業主（免税事業者）が，Q1で取得した店舗を賃貸しました。賃料に係る消費税の取扱いについて教えてください。

（月額賃料）	
賃料（税抜）	：10万円
賃料に係る消費税	：1万円

（取得価格）	
土地	：1,000万円
建物（税抜）	：500万円
建物に係る消費税	：50万円

A　消費税の処理はありません。

解　説（Q25参照）

　免税事業者は，その課税期間における課税資産の譲渡等について，納税義務が免除されます（消法9）。よって，賃料に係る消費税1万円は「益税」となります。

　ただし，管理費等の賃貸に係る課税仕入れについて，仕入税額控除の適用はありません。

QA3　個人事業主（免税事業者）の店舗の売却

Q

　　個人事業主（免税事業者）が，Q1で取得した店舗を売却しました。
建物に係る消費税の取扱いについて教えてください。

（売却価格）	
土地	：1,100万円
建物（税抜）	：600万円
建物に係る消費税	：60万円

（取得価格）	
土地	：1,000万円
建物（税抜）	：500万円
建物に係る消費税	：50万円

A　消費税の処理はありません。

解　説（Q26参照）

　免税事業者は，その課税期間における課税資産の譲渡等について，納税
義務が免除されます（消法9）。よって，建物に係る消費税60万円は「益
税」となります。

　ただし，仲介手数料等の売却に係る課税仕入れについて，仕入税額控除
の適用はありません。

QA4 事業会社（課税事業者）の事務所の取得

Q

　　事業会社（課税事業者）が，次の事務所を取得しました。建物に係る消費税の取扱いについて教えてください。

（取得価格）

土地　　　　　　：10億円

建物（税抜）　　：5億円

建物に係る消費税：5,000万円

A 仕入税額控除が適用されます。

解　説（Q27参照）

　課税事業者は，次の算式により計算した消費税を納付します（消法30）。

$$消費税の納付額 = 課税期間中の課税売上げに係る消費税額 - 課税期間中の課税仕入れ等に係る消費税額$$

　なお，消費税の納付額がマイナスになるときは，還付となります。ただし，簡易課税を選択している場合は還付がされません。建物の取得や大規模修繕を予定しているときは，注意が必要です。

QA5 事業会社（課税事業者）の事務所の賃貸

Q

事業会社（課税事業者）が，Q4で取得した事務所を賃貸しました。賃料に係る消費税の取扱いについて教えてください。

（月額賃料）
賃料（税抜）　　　：100万円
賃料に係る消費税：10万円

（取得価格）
土地　　　　　　　：10億円
建物（税抜）　　　：5億円
建物に係る消費税：5,000万円

A 賃料100万円は，課税売上高になります。

解　説（Q29参照）───────────────────

　課税事業者は，「課税期間中の課税売上げに係る消費税額」から，「課税期間中の課税仕入れ等に係る消費税額」を控除した金額を納付します。事務所の賃料は，課税資産の譲渡等の対価の額（消法28）に該当するため，賃料に係る消費税は「課税期間中の課税売上げに係る消費税額」に含まれます。

QA6　事業会社（課税事業者）の事務所の売却

Q

　事業会社（課税事業者）が，Q4で取得した事務所を売却しました。建物に係る消費税の取扱いについて教えてください。

（売却価格）	
土地	：10億円
建物（税抜）	：５億円
建物に係る消費税	：5,000万円

（取得価格）	
土地	：10億円
建物（税抜）	：５億円
建物に係る消費税	：5,000万円

A　建物の売却価格５億円は，課税売上高になります。

解　説（Q30参照）

　課税事業者は，「課税期間中の課税売上げに係る消費税額」から，「課税期間中の課税仕入れ等に係る消費税額」を控除した金額を納付します。建物の譲渡は，課税資産の譲渡等の対価の額（消法28）に該当するため，建物に係る消費税は「課税期間中の課税売上げに係る消費税額」に含まれます。

◆整理①◆　両事業者の居住用賃貸建物以外の建物の取得から売却まで

事業者	取　得 （仕入税額控除）	運用期間 （賃料）	売　却 （建物）
免税事業者	なし	益税	益税
課税事業者	あり	納付	納付

●例題1●　個人事業主(免税事業者)の店舗の取得

Q

　　ワンルームマンション10室（賃料収入750万円/年）を保有している個人事業主A（免税事業者）は，X1年1月に，区分所有店舗を取得します。取得から売却までの期間を通じて，Aは消費税の課税事業者，免税事業者のいずれを選択すべきでしょうか？なお，Aはこれまで「消費税課税事業者選択届出書」（以下，「課税事業者選択届出書」という）を提出したことはありません。また，売却金額は購入金額と同額とします。

（概要）

土地	：200万円
建物（税抜）	：300万円
建物に係る消費税	：30万円
年間賃料（税抜）	：50万円
賃料に係る消費税	：5万円

A　免税事業者を選択することが一般的です。

解　説

　　個人事業主Aは，店舗を取得することにより，課税売上高50万円，非課税売上高750万円，課税売上割合6.25％（50万円÷（50万円+750万円）となります。Aは，基準期間の課税売上高が1,000万円を超えないため，課

税事業者を選択するためには，課税事業者選択届出書の提出が必要となります。Aが免税事業者の場合，取得から売却までの消費税の取扱いは次のとおりです。

【免税事業者を選択】

① 取　　得：建物に係る消費税30万円は仕入税額控除が適用されません。

② 運用期間：賃料に係る消費税5万円は益税となります。

③ 売　　却：建物に係る消費税30万円は益税となります（※）。

※X1年度以降，既に保有しているワンルームマンションの売却等により，基準期間の課税売上高が1,000万円を超え，課税事業者となるときは，納付となります。

店舗の取得・売却 ⇩

年度	X0年	X1年～
課税/免税	免税事業者	
（取　得）建物に係る消費税30万円	-	仕入税額控除なし
（運用期間）賃料に係る消費税5万円	-	益税
（売　却）建物に係る消費税30万円	-	益税（※）

※　他の保有物件の売却等により、店舗売却時に納付となる場合があります。

　一方，課税事業者を選択した場合，取得から売却までの消費税の取扱いは次のとおりです。

【課税事業者を選択】

① 取　　得：建物に係る消費税30万円は仕入税額控除が適用されます。

② 運用期間：賃料に係る消費税５万円から仕入れに係る消費税額を控除した金額を納付します。なお，課税売上高は５億円以下（50万円）ですが，課税売上割合が95％未満（6.25％）であることから，仕入税額控除について，個別対応方式又は一括比例配分方式のいずれかを採用します。

③ 売　　却：建物に係る消費税から仕入れに係る消費税額を控除した金額を納付します。

課税事業者選択届出書の提出　　店舗の取得・売却

年度	X0年	X1年〜
課税/免税	免税事業者	課税事業者
（取　得）建物に係る消費税 30万円	-	仕入税額控除あり
（運用期間）賃料に係る消費税 ５万円	-	納付
（売　却）建物に係る消費税 30万円	-	納付

　課税事業者を選択した場合，取得時は，建物に係る消費税について仕入税額控除が適用されますが，運用期間及び売却時は納付となるため，免税事業者を選択した場合と比べると，不利になる傾向があります。以上のとおり，居住用賃貸建物を中心に運用しているケースでは，免税事業者を選択することが一般的です。

●例題2● 資産管理会社（免税事業者）の事務所の取得から売却まで

Q

　上場企業オーナーの資産管理会社B（3月決算）は，これまで有価証券の運用を行ってきました。売上は配当金3,000万円/年のみです。Bは，資産ポートフォリオの観点から，X1年4月1日に事務所ビルを取得する予定です。取得から売却までの期間を通じて，Bは消費税の課税事業者，免税事業者のいずれを選択すべきでしょうか？

（前提）

・Bは，課税事業者選択届出書を提出したことはありません。

・X3年度以降に，購入金額と同額で売却するものとします。

・Bは新設法人に該当しません。

・給与等支払額は1,000万円を超えていません。

（概要）	
土地	：7億円
建物（税抜）	：3億円
建物に係る消費税	：3,000万円
年間賃料（税抜）	：4,000万円
賃料に係る消費税	：400万円

A 課税事業者（原則課税）を選択することが一般的です。

解　説

　有価証券の配当は，株主や出資者の地位に基づいて支払われるものであるため，不課税（消費税の課税の対象とならないもの）に該当します（消基通5-2-8）。資産管理会社Bは，基準期間の課税売上高がなく，これまで課税事業者選択届出書を提出していないことから，免税事業者です。

　Bは，事務所ビルの取得により，X2年度については，特定期間の課税売上高が1,000万円を超えますが（2,000万円），給与等支払額が1,000万円を超えていないため，X2年度については給与等支払額により判定することにより免税事業者であり，基準期間（X1年度）の課税売上高が1,000万円を超えるX3年度から課税事業者となります。

　よって，Bが免税事業者を選択した場合や，課税事業者届出書の提出をしなかった場合，取得から売却までの消費税の取扱いは次のとおりです。

【X1～2年度は免税事業者，X3年度から課税事業者】

① 取　　　得：建物に係る消費税3,000万円は仕入税額控除が適用されません。

② 運用期間：X1年度及びX2年度の賃料に係る消費税400万円は益税となります。課税事業者となるX3年度以降は，賃料に係る消費税400万円から仕入れに係る消費税額を控除した金額を納付します。

③ 売　　　却：建物に係る消費税から仕入れに係る消費税額を控除した金額を納付します。

28

年度	X0年度	X1年度	X2年度	X3年度〜
課税/免税	免税事業者			課税事業者
(取　得) 建物に係る消費税 3,000万円	-	仕入税額控除 なし	-	-
(運用期間) 賃料に係る消費税 400万円	-	益税	益税	納付
(売　却) 建物に係る消費税 3,000万円	-	-	-	

事務所の取得 → X1年度　　事務所の売却 → X3年度〜

　なお，当初の予定を変更し，X1年度又はX2年度に売却した場合，建物に係る消費税は益税となります。

年度	X0年度	X1年度	X2年度
課税/免税	免税事業者		
(取　得) 建物に係る消費税 3,000万円	-	仕入税額控除 なし	-
(運用期間) 賃料に係る消費税 400万円	-	益税	益税
(売　却) 建物に係る消費税 3,000万円	-	益税	益税

事務所の取得・売却 → X1年度　　事務所の売却 → X2年度

　一方，X1年度から課税事業者を選択した場合，取得から売却までの消費税の取扱いは次のとおりです。

【X1年度から課税事業者を選択】

① 取 得：建物に係る消費税3,000万円は仕入税額控除が適用されます。

② 運用期間：賃料に係る消費税400万円から仕入れに係る消費税額を控除した金額を納付します。

③ 売 却：建物に係る消費税から仕入れに係る消費税額を控除した金額を納付します。

　X1年度に免税事業者を選択した場合，取得時に建物に係る消費税の仕入税額控除の適用がなく，X3年度以降の売却については，建物に係る消費税が納付となるため，X1年度から課税事業者を選択した方が，有利になる傾向があります。以上のように，居住用賃貸建物以外の建物を中心に運用しているケースでは，課税事業者を選択することが一般的です。

　課税事業者を選択する場合，事務所ビルを取得する課税期間（X1年度）の初日の前日（X0年3月31日）までに，課税事業者選択届出書を，納税地を所轄する税務署長へ提出する必要があります（消法9④）。なお，簡易課税を選択すると，消費税の還付を受けることができません。

課税事業者選択届出書の提出　　事務所の取得・売却

年度	X0年度	X1年度〜
課税/免税	免税事業者	課税事業者
（取　得） 建物に係る消費税 3,000万円	-	仕入税額控除あり
（運用期間） 賃料に係る消費税 400万円	-	納付
（売　却） 建物に係る消費税 3,000万円	-	納付

QA7 個人事業主（免税事業者）の賃貸マンションの取得

Q

　個人事業主（免税事業者）が，次の賃貸マンションを取得しました。建物に係る消費税の取扱いについて教えてください。

（取得価格）

土地　　　　　　：3,000万円

建物（税抜）　　：1,000万円

建物に係る消費税：100万円

A　消費税の処理はありません。

解　説（Q31参照）

　免税事業者は，その課税期間における課税資産の譲渡等について，納税義務が免除されます（消法9）。よって，建物に係る消費税は仕入税額控除が適用されません。

QA8 個人事業主（免税事業者）のマンションの賃貸

Q

　　個人事業主（免税事業者）が，Q7で取得したマンションを賃貸しました。賃料に係る消費税の取扱いについて教えてください。

（月額賃料）	
賃料	：20万円

（取得価格）	
土地	：3,000万円
建物（税抜）	：1,000万円
建物に係る消費税	：100万円

A 消費税の処理はありません。

解 説 （Q32参照）────────────────────

　住宅の貸付けは非課税取引に該当し，マンションの賃料に消費税は課税されません（消法6，別表第1十三）。よって，「益税」は発生しません。

QA9　個人事業主(免税事業者)の賃貸マンションの売却

Q

　　個人事業主（免税事業者）が，Q7で取得したマンションを売却
しました。建物に係る消費税の取扱いについて教えてください。

（売却価格）		（取得価格）	
土地	：3,000万円	土地	：3,000万円
建物（税抜）	：1,000万円	建物（税抜）	：1,000万円
建物に係る消費税：100万円		建物に係る消費税：100万円	

A　消費税の処理はありません。

解　説（Q33参照）

　免税事業者は，その課税期間における課税資産の譲渡等について，納税
義務が免除されます（消法9）。よって，建物に係る消費税100万円は，
「益税」となります。

　ただし，仲介手数料等の売却に係る課税仕入れについて，仕入税額控除
の適用はありません。

QA10 不動産会社（課税事業者）の賃貸マンションの取得①

Q

　不動産会社（課税事業者）が，長期保有目的で次の賃貸マンションを取得しました。建物に係る消費税の取扱いについて教えてください。

（取得価格）
土地　　　　　　：3億円
建物（税抜）　　：2億円
建物に係る消費税：2,000万円

A 　仕入税額控除が制限されます。

解 説 （Q35参照）

　令和2年度税制改正により，令和2年10月1日以後に行われる居住用賃貸建物（高額特定資産又は調整対象自己建設高額資産に該当するものに限る）の課税仕入れ等の税額について，仕入税額控除が制限されることになりました（消法30⑩）。よって，建物に係る消費税について，仕入税額控除が制限されます。

34

QA11　事業会社(課税事業者)の賃貸マンションの取得

Q

　　事業会社（課税事業者）が，次の賃貸マンションを取得しました。取得した期の課税売上高は３億円，課税売上割合は99％です。建物に係る消費税の取扱いについて教えてください。

（取得価格）
土地　　　　　　：1,000万円
建物（税抜）　　：500万円
建物に係る消費税：50万円

A　建物に係る消費税の全額について，仕入税額控除が適用されます。

解　説（Q36，Q39参照）

　令和２年度税制改正により，令和２年10月１日以後に行われる居住用賃貸建物（高額特定資産又は調整対象自己建設高額資産に該当するものに限る）の課税仕入れ等の税額について，仕入税額控除が制限されることとなりました（消法30⑩）。本件建物は，「高額特定資産又は調整対象自己建設高額資産」に該当しないため，建物に係る消費税は仕入税額控除が適用されます。

　なお，「課税売上高が５億円以下」，かつ，「課税売上割合が95％以上」であるため，課税期間中の課税売上げに係る消費税額から，その課税期間中の課税仕入れ等に係る消費税額の全額を控除します。

QA12 不動産会社（課税事業者）の賃貸マンションの取得②

Q

　ワンルームマンションの販売業者（課税事業者）が，短期転売目的で次の賃貸マンション（入居中）を取得しました。取得した期の課税売上高は10億円，課税売上割合は50％です。建物に係る消費税の取扱いについて教えてください。

（取得価格）	
土地	：1,000万円
建物（税抜）	：500万円
建物に係る消費税	：50万円

A　建物に係る消費税の一部について，仕入税額控除が適用されます。

解説（Q37，Q39参照）

　令和2年度税制改正により，令和2年10月1日以後に行われる居住用賃貸建物（高額特定資産又は調整対象自己建設高額資産に該当するものに限る）の課税仕入れ等の税額について，仕入税額控除が制限されることとなりました（消法30⑩）。本件建物は，「高額特定資産又は調整対象自己建設高額資産」に該当しないため，建物に係る消費税は仕入税額控除が適用されます。

　ただし，本件は，「課税売上高が5億円以下，かつ，課税売上割合が

95％以上」に該当しないため，個別対応方式又は一括比例配分方式のいずれかの方法によって計算した仕入控除税額を，その課税期間中の課税売上げに係る消費税額から控除します。

　ところで，転売目的で取得した賃貸マンションの課税仕入れの区分について，「課税売上げにのみ要する課税仕入れ等に係るもの（以下，「課税対応」という。）」，「課税売上げと非課税売上げに共通して要する課税仕入れ等に係るもの（以下，「共通対応」という。）のいずれに該当するかが争われましたが，最高裁判所は，「共通対応」に該当すると判断しました（令和5年3月6日第一小法廷判決　令和3年（行ヒ）第260号消費税更正処分等取消請求事件）。よって，本件建物に係る消費税のみを抜粋して計算すると，仕入控除税額は25万円となります。

　　50万円×50％（※）＝25万円
　　※課税売上割合

QA13 不動産会社（課税事業者）のマンションの賃貸

Q

　不動産会社（課税事業者）が，Q10で取得したマンションを月額200万円で賃貸しました。賃料に係る消費税の取扱いについて教えてください。

（月額賃料）	
賃料	：20万円

（取得価格）	
土地	：3億円
建物（税抜）	：2億円
建物に係る消費税	：2,000万円

A 賃料200万円は，非課税売上高になります。

解 説 （Q40参照）

　住宅の貸付けは非課税取引に該当し，マンションの賃料に消費税は課税されません（消法6，別表第1十三）。よって，非課税売上高の増加に伴い，課税売上割合が低下します。

QA14　不動産会社（課税事業者）の賃貸マンションの転用①

Q

　　3月決算法人である不動産会社（課税事業者）が，X1年4月1日（X1年度）に次の賃貸マンションを取得，X6年4月1日（X6年度）に訪日観光客の増加を見込み，民泊（貸付期間が1ヵ月未満）に転用しました。民泊収入及び建物に係る消費税の取扱いについて教えてください。

（取得価格）

土地　　　　　　：3億円

建物（税抜）　　：2億円

建物に係る消費税：2,000万円

A　転用後の民泊収入は課税売上高となります。また，建物に係る消費税は，取得したX1年度において仕入税額控除が制限されます。建物を転用したX6年度は，調整期間経過後であるため，仕入控除税額の調整はありません。

解 説（Q41参照）────────────

　住宅の貸付けは非課税取引に該当するため，マンションの賃料に消費税は課税されません（消法6，別表第1十三）。ただし，次の貸付けは課税対象となります（消法6，別表第1十三，消令16の2）。

①貸付期間が1ヵ月未満

②旅館業法に規定する旅館業に係る施設の貸付けに該当

　よって，転用後の民泊収入は課税売上高となります。なお，建物に係る消費税2,000万円は，取得したX1年度において，仕入税額控除が制限されています（消法30⑩）。転用したX6年度は，調整期間経過後であるため，仕入控除税額の調整はありません。

QA15 不動産会社（課税事業者）の賃貸マンションの転用②

Q

　　3月決算法人である不動産会社（課税事業者）が，X1年4月1日（X1年度）に次の賃貸マンションを取得しました。その後，X3年10月1日（X3年度）に民泊（課税売上高）に転用，X4年3月31日において，当該物件を保有しています。建物に係る消費税の取扱いについて教えてください。

（概要）

土地	：3億円
建物（税抜）	：2億円
建物に係る消費税	：2,000万円
居住用賃料（転用前:X1.4.1〜X3.9.30）	：7,000万円
民泊売上高（転用後:X3.10.1〜X4.3.31）	：3,000万円（税抜）

A　建物に係る消費税2,000万円は，取得したX1年度において仕入税額控除が制限されます。転用したX3年度において，建物に係る消費税2,000万円のうち600万円を仕入控除税額に加算します。

解　説（Q42参照）

　「居住用賃貸建物の取得等に係る仕入税額控除の制限」の適用を受けた居住用賃貸建物について，次の条件を全て満たすときは，次の算式によっ

て計算した金額（その居住用賃貸建物に係る課税仕入れ等の税額に課税賃
貸割合を乗じて計算した金額に相当する消費税額）を，第3年度の課税期
間の仕入れに係る消費税額に加算します（消法35の2①）。

（算式）

$$加算する消費税額 = 居住用賃貸建物の課税仕入 \atop 等に係る消費税額 \times \frac{Aのうち課税賃貸用に供したものに係る金額}{調整期間に行った居住用賃貸建物の貸付けの対価の額の合計額（A）}$$

出所：「消費税法改正のお知らせ（令和2年4月国税庁）」を基に著者作成

（条件）
①第3年度の課税期間の末日に当該居住用賃貸建物を有していること。
②当該居住用賃貸建物の全部又は一部を当該居住用賃貸建物の仕入れ等の
　日から第3年度の課税期間の末日までの間（以下，「調整期間」という）
　に別表第1第13号に掲げる住宅の貸付け以外の貸付けの用（以下，「課
　税賃貸用」という。）に供したとき。

　本件は次のとおり，X1年度に取得した建物に係る消費税2,000万円のう
ち600万円を，第3年度の課税期間であるX3年度の仕入控除税額に加算し
ます。

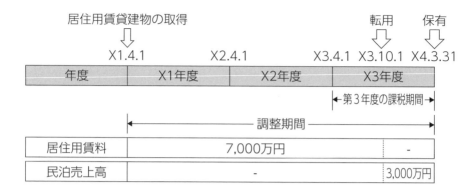

$$\text{加算する消費税額}=2{,}000\text{万円}\times\dfrac{3{,}000\text{万円}}{1\text{億円}\ (7{,}000\text{万円}+3{,}000\text{万円})}=600\text{万円}$$

QA16　不動産会社（課税事業者）の賃貸マンションの売却①

> **Q**
>
> 　3月決算の不動産会社（課税事業者）が，X1年4月1日（X1年度）に次の賃貸マンションを取得しました。X6年4月1日（X6年度）に売却したときの，売却時の建物に係る消費税の取扱いについて教えてください。なお，取得価格と売却価格は同額とします。
>
> ---
>
> （概要）
>
> 土地　　　　　　：3億円
>
> 建物（税抜）　　：2億円
>
> 建物に係る消費税：2,000万円

A　建物の売却価格2億円は課税売上高となります。なお，調整期間経過後の売却であるため，仕入控除税額の調整はありません。

解　説（Q43参照）────────────────────────────

　建物の譲渡は，課税資産の譲渡等の対価の額に該当します。よって，建物の売却価格は課税売上高となります。

　建物に係る消費税2,000万円は，取得したX1年度において仕入税額控除が制限されます（消法30⑩）。X6年度における売却は，調整期間経過後の売却となるため，仕入控除税額の調整はありません。

QA17　不動産会社（課税事業者）の賃貸マンションの売却②

Q

　3月決算の不動産会社（課税事業者）が，X1年4月1日（X1年度）に次の賃貸マンションを取得しました。このマンションを，X3年10月1日（X3年度）に売却したときの，建物に係る消費税の取扱いについて教えてください。

（取　　得）
土地　　　　　：3億円
建物（税抜）　：2億円
建物に係る消費税：2,000万円

（運用期間）
居住用賃料（X1.4.1～X3.9.30）：7,000万円

（売　　却）
土地　　　　　：4億円
建物（税抜）　：3.3億円
建物に係る消費税：3,300万円

A　建物の売却価格3.3億円は，課税売上高になります。また，取得時に仕入税額控除の制限を受けた建物に係る消費税2,000万円のうち，1,650万円をX3年度の仕入控除税額に加算します。

解　説（Q44参照）

　建物の譲渡は，課税資産の譲渡等の対価の額に該当します。よって，建物の売却価格は課税売上高となります。

　ところで，「居住用賃貸建物の取得等に係る仕入税額控除の制限」の適用を受けた居住用賃貸建物について，その全部又は一部を調整期間に他の者に譲渡したときは，次の算式によって計算した金額（譲渡をした居住用賃貸建物に係る課税仕入れ等の税額に課税譲渡等割合を乗じて計算した金額に相当する消費税額）を，譲渡をした課税期間の仕入れに係る消費税額に加算します（消法35の2②）。

（算式）

$$\text{加算する消費税額} = \text{居住用賃貸建物の課税仕入れ等に係る消費税額} \times \frac{\text{Bのうち課税賃貸用に供したものに係る金額＋Cの金額}}{\text{課税譲渡等調整期間に行った居住用賃貸建物の貸付けの対価の額の合計額（B）＋居住用賃貸建物の譲渡の対価の額（C）}}$$

出所：「消費税法改正のお知らせ（令和2年4月国税庁）」を基に著者作成

　本件は，X1年度に取得した建物に係る消費税2,000万円について，仕入税額控除が制限されます。ただし，調整期間内の売却であるため，仕入税額控除が制限された2,000万円のうち1,650万円を，譲渡した日の属する課税期間であるX3年度の仕入控除税額に加算します。

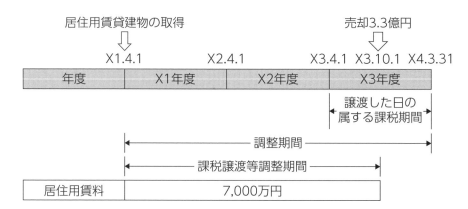

$$加算する消費税額=2,000万円 \times \frac{3.3億円（0円+3.3億円）}{4億円（7,000万円+3.3億円）}=1,650万円$$

QA18 不動産会社（課税事業者）の賃貸マンションの売却③

Q

　3月決算の不動産会社（課税事業者）が，X1年4月1日（X1年度）に次の賃貸マンションを取得しました。このマンションを，X1年10月1日に民泊（課税売上高）に転用，X2年10月1日（X2年度）に売却したときの，建物に係る消費税の取扱いについて教えてください。

（取　　得）

土地　　　　　　：3億円

建物（税抜）　　：2億円

建物に係る消費税：2,000万円

（運用期間）

居住用賃料（転用前：X1.4.1～X1.9.30）：1,250万円

民泊売上高（転用後：X1.10.1～X2.9.30）：5,000万円（税抜）

（売　　却）

土地　　　　　　：4億円

建物（税抜）　　：2.5億円

建物に係る消費税：2,500万円

A　建物の売却価格2.5億円は，課税売上高になります。また，取得時（X1

48

年度）に仕入税額控除の制限を受けた建物に係る消費税2,000万円のうち1,920万円を，X2年度の仕入控除税額に加算します。

解　説 （Q45参照）

　建物の譲渡は，課税資産の譲渡等の対価の額に該当します。よって，建物の売却価格は課税売上高となります。

　ところで，「居住用賃貸建物の取得等に係る仕入税額控除の制限」の適用を受けた居住用賃貸建物について，その全部又は一部を調整期間に他の者に譲渡したときは，次の算式によって計算した金額（譲渡をした居住用賃貸建物に係る課税仕入れ等の税額に課税譲渡等割合を乗じて計算した金額に相当する消費税額）を，譲渡をした課税期間の仕入れに係る消費税額に加算します（消法35の2②）。

　本件は，X1年10月1日に転用後，X2年10月1日に売却されているため，譲渡した場合の調整（消法35の2②）が適用されます。

$$加算する消費税額 = \begin{matrix}居住用賃貸建物の\\課税仕入れ等に係る\\消費税額\end{matrix} \times \frac{\begin{matrix}Bのうち課税賃貸用に供した\\ものに係る金額＋Cの金額\end{matrix}}{\begin{matrix}課税譲渡等調整期間に行った\\居住用賃貸建物の貸付けの\\対価の額の合計額（B）＋居住用\\賃貸建物の譲渡の対価の額（C）\end{matrix}}$$

出所：「消費税法改正のお知らせ（令和2年4月国税庁）」を基に著者作成

　本件は，X1年度に取得した建物に係る消費税2,000万円について，仕入税額控除が制限されます。ただし，調整期間内の売却であるため，仕入税額控除が制限された2,000万円のうち1,920万円を，譲渡した日の属する課税期間であるX2年度の仕入控除税額に加算します。

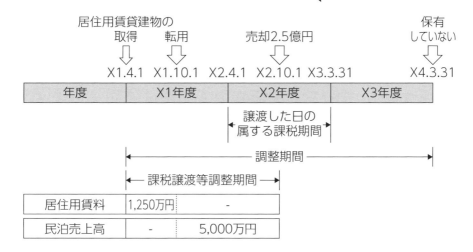

$$\text{加算する消費税額}=2{,}000\text{万円}\times\dfrac{\begin{array}{c}300{,}000\text{千円}\\(50{,}000\text{千円}+250{,}000\text{千円})\end{array}}{\begin{array}{c}312{,}500\text{千円}\\(12{,}500\text{千円}+50{,}000\text{千円}+250{,}000\text{千円})\end{array}}=1{,}920\text{万円}$$

QA19 事業会社（課税事業者）の店舗併用住宅の取得

Q

　事業会社（課税事業者）が，資産運用の一環で，X1年4月1日（X1年度）に5階建の店舗併用マンションを取得しました。1階はコンビニエンスストア，2～5階は単身者用のマンションとして賃貸されています。取得時の建物に係る消費税の取扱いについて教えてください。なお，店舗，住宅の面積比により按分することが，合理的な基準により区分されているものとします。

（概要）

土地	：3億円
建物（税抜）	：2億円
建物に係る消費税	：2,000万円

（面積）

店舗	：100㎡
住宅	：400㎡
共用部（※）	：50㎡

※店舗，住宅の面積により按分するものとします。

A　建物に係る消費税2,000万円のうち，400万円は取得日の属する課税期間（X1年度）に仕入税額控除が適用され，1,600万円は仕入税額控除が制限されます。

解 説 （Q46参照）

　令和２年度税制改正により，令和２年10月１日以後に行われる，居住用賃貸建物（高額特定資産又は調整対象自己建設高額資産に該当するものに限る）の課税仕入れ等の税額について，仕入税額控除が制限されることになりました（消法30⑩）。

　ところで，建物の一部が店舗・事務所など，住宅の貸付けの用に供しないことが明らかな部分を含んでいる場合，その構造及び設備の状況その他の状況により，「居住用賃貸建物以外」の部分と「居住用賃貸部分」とに合理的に区分しているときは，「居住用賃貸部分」に係る課税仕入れ等の税額についてのみ，仕入税額控除が制限されます（消令50の２①）。「合理的に区分している」とは，使用面積割合や使用面積に対する建設原価の割合など，その建物の実態に応じた合理的な基準により区分していることをいいます（消基通11-7-3）。

　本件では，建物に係る消費税2,000万円のうち，「居住用賃貸部分」である２〜５階の賃貸マンションに係る課税仕入れ等の税額について仕入税額控除が制限され，店舗に係る課税仕入れ等の税額については，取得日の属する課税期間において仕入税額控除が適用されます。

　共用部を按分後の店舗，住宅それぞれの面積は次のとおりです。

店舗：$100㎡+50㎡×\dfrac{100㎡}{500㎡（100㎡+400㎡）}=110㎡$

住宅：$400㎡+50㎡×\dfrac{400㎡}{500㎡（100㎡+400㎡）}=440㎡$

　次のように，建物に係る消費税2,000万円のうち，店舗に係る400万円について，取得した日の属する課税期間（X1年度）に仕入税額控除が適用

されます。

$$2{,}000万円 \times \frac{110\text{m}^2}{550\text{m}^2\ (110\text{m}^2+440\text{m}^2)} = 400万円$$

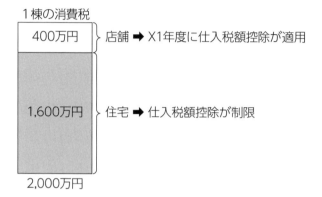

QA20　事業会社（課税事業者）の店舗併用住宅の転用

Q

　事業会社（課税事業者）が，Q19において，X1年4月1日（X1年度）に取得した店舗併用マンションの2～5階（賃貸住宅部分）を，X3年10月1日（X3年度）に民泊（課税売上高）に転用しました。建物に係る消費税の取扱いについて教えてください。なお，X4年3月31日（X3年度）に，この物件を保有しています。

（概要）
取得時の建物に係る消費税　　　　　　　　：2,000万円
店舗賃料（X1.4.1～X4.3.31）　　　　　　：2,000万円（税抜）
居住用賃料（転用前：X1.4.1～X3.9.30）：3,000万円
民泊売上高（転用後：X3.10.1～X4.3.31）：1,000万円（税抜）

A　取得時（X1年度）に仕入税額控除が制限された建物に係る消費税1,600万円のうち，400万円がX4年3月期（X3年度）の仕入控除税額に加算されます。

解　説（Q47参照）────────────

　Q19のとおり，建物に係る消費税2,000万円のうち，店舗に係る400万円はX1年度に仕入税額控除が適用されますが，賃貸マンションに係る1,600万円は仕入税額控除が制限されます。

　ところで，「居住用賃貸建物の取得等に係る仕入税額控除の制限」の適

54

用を受けた居住用賃貸建物について，次の条件を全て満たすときは，次の算式によって計算した金額（その居住用賃貸建物に係る課税仕入れ等の税額に課税賃貸割合を乗じて計算した金額に相当する消費税額）を，第3年度の課税期間の仕入れに係る消費税額に加算します（消法35の2①）。

（加算する消費税額）

$$加算する消費税額 = 課税仕入れ等に係る消費税額 \times \frac{A のうち課税賃貸用に供したものに係る金額}{調整期間に行った居住用賃貸建物の貸付けの対価の額の合計額（A）}$$

出所：「消費税法改正のお知らせ（令和2年4月国税庁）」を基に著者作成

（条件）

①第3年度の課税期間の末日に当該居住用賃貸建物を有していること。

②当該居住用賃貸建物の全部又は一部を当該居住用賃貸建物の仕入れ等の日から第3年度の課税期間の末日までの間（以下，「調整期間」という）に別表第1第13号に掲げる住宅の貸付け以外の貸付けの用（以下，「課税賃貸用」という。）に供したとき。

本件では，建物に係る消費税2,000万円のうち，賃貸マンションに係る1,600万円について仕入税額控除が制限され，店舗に係る400万円については，X1年度に仕入税額控除が適用されます。また，調整期間内の転用であるため，X1年度に仕入税額控除の制限を受けた1,600万円のうち，400万円を，第3年度の課税期間であるX3年度の仕入控除税額に加算します。

$$加算する消費税額＝1,600万円×\frac{1,000万円}{4,000万円（3,000万円＋1,000万円）}＝400万円$$

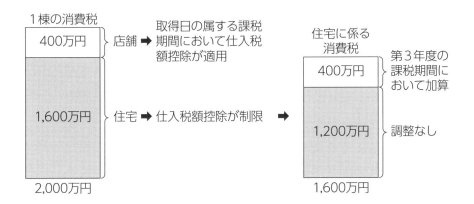

QA21　事業会社（課税事業者）の店舗併用住宅の売却

Q

　事業会社（課税事業者）が，Q19において，X1年4月1日（X1年度）に取得した店舗併用マンションをX3年10月1日（X3年度）に売却しました。売却時の，建物に係る消費税の取扱いについて教えてください。

> （取　　得）
> 土地　　　　　：3億円
> 建物（税抜）　：2億円
> 建物に係る消費税：2,000万円

> （運用期間）
> 店舗賃料（X1.4.1〜X3.9.30）：1,750万円（税抜）
> 住宅賃料（X1.4.1〜X3.9.30）：3,000万円

> （売　　却）
> 土地　　　　　：3億円
> 建物（税抜）　：2億円
> 建物に係る消費税：2,000万円

A　建物の売却価格2億円は，課税売上高になります。また，取得時（X1年度）に仕入税額控除の制限を受けた建物に係る消費税1,600万円のうち，1,347万円をX4年3月期（X3年度）の仕入控除税額に加算します。

解　説　(Q48参照)—————————————

　建物の譲渡は，課税資産の譲渡等の対価の額に該当します。よって，建物の売却価格は課税売上高となります。

　ところで，「居住用賃貸建物の取得等に係る仕入税額控除の制限」の適用を受けた居住用賃貸建物について，その全部又は一部を調整期間に他の者に譲渡したときは，次の算式によって計算した金額（譲渡をした居住用賃貸建物に係る課税仕入れ等の税額に課税譲渡等割合を乗じて計算した金額に相当する消費税額）を，譲渡をした課税期間の仕入れに係る消費税額に加算します（消法35の2②）。

$$加算する消費税額 = \begin{array}{c} 居住用賃貸建物の \\ 課税仕入れ等に係る \\ 消費税額 \end{array} \times \frac{\begin{array}{c} Bのうち課税賃貸用に供した \\ ものに係る金額＋Cの金額 \end{array}}{\begin{array}{c} 課税譲渡等調整期間に行った \\ 居住用賃貸建物の貸付けの \\ 対価の額の合計額（B）＋居住用 \\ 賃貸建物の譲渡の対価の額（C） \end{array}}$$

出所：「消費税法改正のお知らせ（令和2年4月国税庁）」を基に著者作成

　本件は，X1年度に取得した建物に係る消費税2,000万円のうち，居住用賃貸建物に係る1,600万円について，仕入税額控除が制限されます。ただし，調整期間内の売却であるため，仕入税額控除が制限された1,600万円のうち，1,347万円を譲渡した日の属する課税期間であるX3年度の仕入控除税額に加算します。

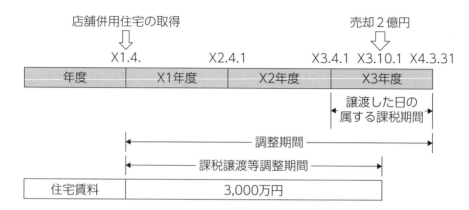

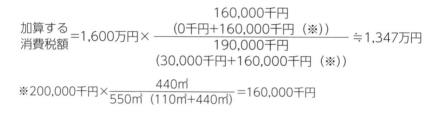

$$加算する消費税額 = 1,600万円 \times \cfrac{\dfrac{160,000千円}{(0千円+160,000千円（※）)}}{\dfrac{190,000千円}{(30,000千円+160,000千円（※）)}} ≒ 1,347万円$$

$$※ 200,000千円 \times \frac{440㎡}{550㎡（110㎡+440㎡）} = 160,000千円$$

◆整理②◆両事業者の居住用賃貸建物の取得から売却まで

（1）居住用賃貸建物

事業者		取　　得
		仕入税額控除
免税事業者		なし
課税事業者	高額特定資産等以外	あり
	高額特定資産等	制限

（2）居住用賃貸建物（店舗等を含む）

事業者		取　　得	
		仕入税額控除	
		住宅	非住宅
免税事業者		なし	
課税事業者	高額特定資産等以外	あり	
	高額特定資産等	制限	あり

運用期間			売　却		
賃料	転用の調整		建物	売却の調整	
	調整期間	調整期間後		調整期間	調整期間後
非課税	なし		益税	なし	
非課税	なし		納付	なし	
	あり	なし		あり	なし

運用期間				売　却		
賃料		転用の調整		建物	売却の調整	
住宅	非住宅	調整期間	調整期間後		調整期間	調整期間後
非課税	課税	なし		益税	なし	
非課税	課税	なし		納付	なし	
		あり	なし		あり	なし

QA22 事務所の資本的支出

Q

　　事業会社（課税事業者）が保有する事務所について，2,000万円（税抜）の大規模修繕を実施しました。工事費用に係る消費税の取扱いについて教えてください。なお，全額資本的支出に該当するものとします。

A　仕入税額控除が適用されます。

解　説（Q49参照）

　居住用賃貸建物に係る仕入税額控除の制限（消法30⑩）には，当該建物に係る資本的支出に係る課税仕入れ等の税額が含まれます。ただし，次のように，建物に係る資本的支出自体が居住用賃貸建物の課税仕入れ等に該当しない場合は，仕入税額控除の制限を受けません（消基通11-7-5）。

（1）建物に係る資本的支出自体が高額特定資産の仕入れ等を行った場合（消法12の4①）に該当しない場合
（2）建物に係る資本的支出自体が住宅の貸付けの用に供しないことが明らかな建物に係る課税仕入れ等に該当する場合

　本件は，上記(2)に該当するため，工事費用に係る消費税は仕入税額控除が適用されます。

QA23 賃貸マンションの資本的支出

Q

不動産会社（課税事業者）が賃貸マンションについて，次の大規模修繕を実施しました。工事費用に係る消費税の取扱いについて教えてください。

（ケース1）

建物取得価格：1億円

資本的支出 ：1,500万円（税抜），消費税150万円

修繕費 ：500万円（税抜），消費税50万円

※課税売上高3億円，課税売上割合97％

（ケース2）

建物取得価格：600万円

資本的支出 ：200万円（税抜），消費税20万円

修繕費 ：100万円（税抜），消費税10万円

※課税売上高3億円，課税売上割合97％

（ケース3）

建物取得価格：600万円

資本的支出 ：200万円（税抜），消費税20万円

修繕費 ：100万円（税抜），消費税10万円

※課税売上高7億円，課税売上割合97％

A

（ケース１）

資本的支出1,500万円：仕入税額控除の制限を受けます。

修繕費500万円：仕入税額控除が適用されます。

（ケース２）

資本的支出200万円：仕入税額控除が適用されます。

修繕費100万円：仕入税額控除が適用されます。

（ケース３）

個別対応方式を選択：仕入税額控除がされません。

一括比例配分方式を選択：仕入税額控除が適用されます。

解　説（Q50参照）

　居住用賃貸建物に係る仕入税額控除の制限（消法30⑩）には，当該建物に係る資本的支出に係る課税仕入れ等の税額が含まれます。ただし，次のように，建物に係る資本的支出自体が居住用賃貸建物の課税仕入れ等に該当しない場合は，仕入税額控除の制限を受けません（消基通11-7-5）。

（１）建物に係る資本的支出自体が高額特定資産の仕入れ等を行った場合（消法12の4①）に該当しない場合

（２）建物に係る資本的支出自体が住宅の貸付けの用に供しないことが明らかな建物に係る課税仕入れ等に該当する場合

（ケース１）

　資本的支出1,500万円は，居住用賃貸建物に係る資本的支出であり，かつ，

高額特定資産の仕入れ等を行った場合に該当するため，工事費用に係る消費税は仕入税額控除の制限を受けます。

　修繕費500万円については，仕入税額控除が適用されます。

　なお，「課税売上高5億円以下」，かつ，「課税売上割合95％以上」であるため，課税期間中の課税売上げに係る消費税額から，その課税期間中の課税仕入れ等に係る消費税額の全額を控除します。

（ケース2）

　資本的支出200万円は，居住用賃貸建物に係る資本的支出ですが，高額特定資産の仕入れ等を行った場合に該当しないため（1,000万円＞600万円＋200万円），工事費用に係る消費税は仕入税額控除が適用されます。

　修繕費100万円については，仕入税額控除が適用されます。

　なお，「課税売上高5億円以下」，かつ，「課税売上割合95％以上」であるため，課税期間中の課税売上げに係る消費税額から，その課税期間中の課税仕入れ等に係る消費税額の全額を控除します。

（ケース3）

　ケース2と異なり，「課税売上高5億円以下」，かつ，「課税売上割合95％以上」に該当しないため，個別対応方式又は一括比例配分方式を選択します。

　個別対応方式を選択した場合，資本的支出200万円及び修繕費100万円は，「非課税資産の譲渡等に対応する課税仕入れ（以下，「非課税対応」という）」に該当するため，仕入税額控除がされません。

　一括比例配分方式を選択した場合，資本的支出200万円に係る消費税20万円及び修繕費100万円に係る消費税10万円について，課税売上割合97％を乗じた291,000円が仕入控除税額となります。

66

　なお，資本的支出，修繕費のいずれに該当するかは，次のフローチャートをご参照ください。

<資本的支出か，修繕費かの判定フローチャート>

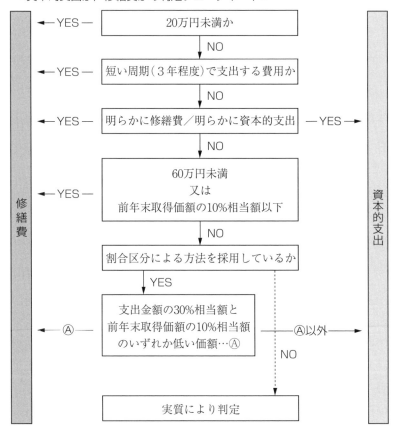

第2部

インボイス後

QA24　個人事業主（免税事業者）の事務所の取得

Q

　　個人事業主（免税事業者）が，次の事務所を取得しました。建物に係る消費税の取扱いについて教えてください。

（取得価格）

土地　　　　　　　：3,000万円

建物（税抜）　　　：2,000万円

建物に係る消費税：200万円

A　消費税の処理はありません。

解　説（Q1参照）

　免税事業者は，その課税期間における課税資産の譲渡等について，納税義務が免除されます（消法9）。よって，建物に係る消費税について，仕入税額控除は適用されません。

　免税事業者による居住用賃貸建物以外の建物の取得については，インボイス制度導入後においても影響はないと考えられます。

QA25　個人事業主（免税事業者）の事務所の賃貸

Q

　個人事業主（免税事業者）が，保有している事務所を月額33万円（税込）で賃貸しました。次のケースについて，賃貸人及び賃借人の賃料に係る消費税の取扱いについて教えてください。

（ケース１）
賃借人：免税事業者

（ケース２）
賃借人：課税事業者

A

（ケース１）

賃貸人：消費税の処理はありません。

賃借人：消費税の処理はありません。

（ケース２）

賃貸人：消費税の処理はありません。ただし，賃借人が仕入税額控除をできなくなることから，賃料減額交渉を受ける可能性，流動性の低下等が懸念されます。

賃借人：賃料に係る消費税は，仕入税額控除は適用されません。ただし，一定期間，仕入税額相当額の一定割合を仕入税額として控除できる経過措置が設けられています。

解 説 （Q2参照）

　免税事業者は，その課税期間における課税資産の譲渡等について，納税義務が免除されます（消法9）。

　ところで，インボイス制度導入後は，適格請求書発行事業者が交付する「適格請求書（インボイス）」等の保存が，仕入税額控除の要件となります。インボイスを交付できるのは，インボイス発行事業者（課税事業者）に限られます。よって，インボイス制度導入後，免税事業者や消費者から行った課税仕入れは，原則として仕入税額控除が適用されません。

　ただし，区分記載請求書等と同様の事項が記載された請求書等及びこの経過措置の規定の適用を受ける旨を記載した帳簿を保存している場合，次の期間において，仕入税額相当額の一定割合を仕入税額として控除できる経過措置が設けられています。

（1）令和5年10月1日～令和8年9月30日まで
　　仕入税額相当額の80%
（2）令和8年10月1日～令和11年9月30日まで
　　仕入税額相当額の50%

（ケース1）

　賃貸人及び賃借人は，ともに免税事業者であることから，消費税の処理はありません。賃貸人は，賃料に係る消費税3万円が「益税」となります。

　ただし，管理費等の賃貸に係る課税仕入れについて，仕入税額控除の適用はありません。

　免税事業者同士による，居住用賃貸建物以外の建物の賃貸借については，インボイス制度導入後においても影響はないと考えられます。

（ケース２）

　インボイス制度導入後，免税事業者からの課税仕入れは仕入税額控除が適用されません。賃貸人は，賃料に係る消費税３万円が「益税」となりますが，賃借人が仕入税額控除を受けられないことによる負担相当額について，賃借人から賃料減額交渉を受ける可能性や，賃貸借契約の解約が懸念されます。また，空室になったとき，競合物件と比較して，リーシングの競争力が落ちることが懸念されます。ただし，令和５年10月１日～令和８年９月30日まで仕入税額相当額の80％，令和８年10月１日～令和11年９月30日まで仕入税額相当額の50％を仕入税額として控除できる経過措置が設けられています。

QA26　個人事業主（免税事業者）の事務所の売却

Q

　　個人事業主（免税事業者）が，Q24で取得した事務所を売却しました。買主が次のケースについて，売主及び買主の建物に係る消費税の取扱いについて教えてください。

（売却価格）
土地　　　　　　：4,000万円
建物（税抜）　　：3,000万円
建物に係る消費税：300万円

（取得価格）
土地　　　　　　：3,000万円
建物（税抜）　　：2,000万円
建物に係る消費税：200万円

（ケース１）
消費者

（ケース２）
個人事業主（免税事業者）

（ケース３）
事業会社（課税事業者）

（ケース４）
不動産会社（課税事業者）が「棚卸資産」として購入

（ケース５）
不動産会社（課税事業者）が「固定資産」として購入

A

（ケース1）

売主：消費税の処理はありません。

買主：消費税の処理はありません。

（ケース2）

売主：消費税の処理はありません。

買主：消費税の処理はありません。

（ケース3）

売主：消費税の処理はありません。ただし，買主から売却価格の減額交
　　　渉を受ける可能性，流動性の低下等が懸念されます。

買主：建物に係る消費税は，仕入税額控除は適用されません。ただし，
　　　一定期間，仕入税額相当額の一定割合を仕入税額として控除でき
　　　る経過措置が設けられています。

（ケース4）

売主：消費税の処理はありません。

買主：建物に係る消費税は，仕入税額控除が適用されます。

（ケース5）

売主：消費税の処理はありません。ただし，買主から売却価格の減額交
　　　渉を受ける可能性，流動性の低下等が懸念されます。

買主：建物に係る消費税は，仕入税額控除は適用されません。ただし，
　　　一定期間，仕入税額相当額の一定割合を仕入税額として控除でき
　　　る経過措置が設けられています。

74

解　説（Q3参照）

　免税事業者は，その課税期間における課税資産の譲渡等について，納税義務が免除されます（消法９）。

　ところで，インボイス制度導入後は，適格請求書発行事業者が交付する「適格請求書（インボイス）」等の保存が，仕入税額控除の要件となります。インボイスを交付できるのは，インボイス発行事業者（課税事業者）に限られます。よって，インボイス制度導入後，免税事業者や消費者から行った課税仕入れは，原則として仕入税額控除が適用されません。

　ただし，区分記載請求書等と同様の事項が記載された請求書等及びこの経過措置の規定の適用を受ける旨を記載した帳簿を保存している場合，次の期間において，仕入税額相当額の一定割合を仕入税額として控除できる経過措置が設けられています。

（１）令和５年10月１日〜令和８年９月30日まで
　　　仕入税額相当額の80％
（２）令和８年10月１日〜令和11年９月30日まで
　　　仕入税額相当額の50％

　また，宅地建物取引業を営む事業者が適格請求書発行事業者でない者から建物を当該事業者の棚卸資産として取得する取引の場合，帳簿のみの保存で仕入税額控除が認められます（新消法30⑦，新消令49①一ハ（３））。

（ケース１），（ケース２）
　売主及び買主は，ともに免税事業者であることから，消費税の処理はありません。売主は，建物に係る消費税300万円が「益税」となります。

　ただし，仲介手数料等の売却に係る課税仕入れについて，仕入税額控除

の適用はありません。

　免税事業者同士による，居住用賃貸建物以外の建物の売買については，インボイス制度導入後においても影響はないと考えられます。

（ケース3）

　インボイス制度導入後は，免税事業者からの課税仕入れは仕入税額控除が適用されません。売主は，建物に係る消費税300万円が「益税」となりますが，買主が仕入税額控除を受けられないことによる負担相当額について，売買価格の減額交渉を受ける可能性や，売買市場における流動性の低下等が懸念されます。

　ただし，令和5年10月1日～令和8年9月30日まで仕入税額相当額の80％，令和8年10月1日～令和11年9月30日まで仕入税額相当額の50％を仕入税額として控除できる経過措置が設けられています。

（ケース4）

　売主は，建物に係る消費税300万円が「益税」となります。

　ただし，仲介手数料等の売却に係る課税仕入れについて，仕入税額控除の適用はありません。

　買主は，インボイス制度導入後，免税事業者からの課税仕入れは仕入税額控除が適用されません。ただし，宅地建物取引業者が，「適格請求書発行事業者でない者から建物を当該事業者の棚卸資産として取得する取引」に該当するため，建物に係る消費税300万円について，帳簿を保存することにより，仕入税額控除が適用されます。

（ケース5）

　売主は，建物に係る消費税300万円が「益税」となります。

　ただし，仲介手数料等の売却に係る課税仕入れについて，仕入税額控除の適用はありません。

　買主については，宅地建物取引業者が，「適格請求書発行事業者でない者から建物を当該事業者の棚卸資産として取得する取引」に該当しないため，建物に係る消費税300万円について，仕入税額控除が適用されません。よって，売主は，買主が仕入税額控除を受けられないことによる負担相当額について，買主から売買価格の減額交渉を受ける可能性や，売買市場における流動性の低下等が懸念されます。ただし，令和5年10月1日〜令和

◆整理③◆免税事業者の居住用賃貸建物以外の建物の取得から売却まで

事業者	取　　得		運用期間		
	仕入税額控除	賃料	賃借人	仕入税額控除
免税事業者	なし	益税	免税事業者	なし
			課税事業者	なし (流動性に懸念)

8年9月30日まで仕入税額相当額の80％，令和8年10月1日～令和11年9月30日まで仕入税額相当額の50％を仕入税額として控除できる経過措置が設けられています。

　インボイス制度導入後，不動産会社（宅地建物取引業者）については，適格請求書発行事業者以外の者からの課税仕入れについて，一定の措置が設けられていますが，取引の相手方のみでなく，取引の目的についても留意する必要があります。

売　　却			
建物	買主	取得目的	仕入税額控除
益税	免税事業者	-	なし
	課税事業者 宅建業者以外	-	なし（流動性に懸念）
	課税事業者 宅建業者 棚卸資産	棚卸資産	あり
	固定資産	固定資産	なし（流動性に懸念）

QA27　事業会社（課税事業者）の事務所の取得

Q

　　事業会社（課税事業者）が，次の売主から，事務所を取得しました。建物に係る消費税の取扱いについて教えてください。

（取得価格）

土地	：3億円
建物（税抜）	：1億円
建物に係る消費税	：1,000万円

（ケース1）

免税事業者

（ケース2）

課税事業者（適格請求書発行事業者に該当しない）

（ケース3）

課税事業者（適格請求書発行事業者）

A

（ケース1）

　仕入税額控除は適用されません。ただし，一定期間，仕入税額相当額の一定割合を仕入税額として控除できる経過措置が設けられています。

（ケース２）

　仕入税額控除は適用されません。ただし，一定期間，仕入税額相当額の一定割合を仕入税額として控除できる経過措置が設けられています。

（ケース３）

　仕入税額控除が適用されます。

解　説（Q4参照）────────────────────────

　インボイス制度導入後は，適格請求書発行事業者が交付する「適格請求書（インボイス）」等の保存が，仕入税額控除の要件となります。インボイスを交付できるのは，インボイス発行事業者（課税事業者）に限られます。よって，インボイス制度導入後，免税事業者や消費者から行った課税仕入れは，原則として仕入税額控除が適用されません。

　ただし，区分記載請求書等と同様の事項が記載された請求書等及びこの経過措置の規定の適用を受ける旨を記載した帳簿を保存している場合，次の期間において，仕入税額相当額の一定割合を仕入税額として控除できる経過措置が設けられています。

（1）令和5年10月1日～令和8年9月30日まで
　　　仕入税額相当額の80％
（2）令和8年10月1日～令和11年9月30日まで
　　　仕入税額相当額の50％

（ケース１）

　売主が免税事業者であるため，仕入税額控除は適用されません。ただし，令和5年10月1日～令和8年9月30日まで仕入税額相当額の80％，令和8

年10月１日〜令和11年９月30日まで仕入税額相当額の50％を仕入税額として控除できる経過措置が設けられています。

（ケース２）

売主は課税事業者ですが，適格請求書発行事業者の登録を受けていないため，仕入税額控除は適用されません。ただし，令和５年10月１日〜令和８年９月30日まで仕入税額相当額の80％，令和８年10月１日〜令和11年９月30日まで仕入税額相当額の50％を仕入税額として控除できる経過措置が設けられています。

インボイス制度導入後は，取引先が適格請求書発行事業者の登録を受けているか否かの確認が必要です。なお，適格請求書発行事業者の登録を受けている事業者については，国税庁のサイトで確認することができます。

（ケース３）

売主が適格請求書発行事業者であるため，仕入税額控除が適用されます。

QA28　不動産会社（課税事業者）の事務所の取得

Q

　　不動産会社（課税事業者）が，事務所を取得しました。次のケースについて，建物に係る消費税の取扱いについて教えてください。

（取得価格）

土地　　　　　　：3,000万円

建物（税抜）　　：2,000万円

建物に係る消費税：200万円

（ケース1）

取得目的：短期転売（「棚卸資産」として取得）

売主①　　：適格請求書発行事業者

売主②　　：免税事業者

（ケース2）

取得目的：長期間保有（「固定資産」として取得）

売主①　　：適格請求書発行事業者

売主②　　：免税事業者

A

（ケース1）

売主①：仕入税額控除が適用されます。

売主②：仕入税額控除が適用されます。

（ケース2）

売主①：仕入税額控除が適用されます。

売主②：仕入税額控除は適用されません。ただし，一定期間，仕入税額
　　　　相当額の一定割合を仕入税額として控除できる経過措置が設け
　　　　られています。

解　説

　インボイス制度導入後は，適格請求書発行事業者が交付する「適格請求
書（インボイス）」等の保存が，仕入税額控除の要件となります。インボ
イスを交付できるのは，インボイス発行事業者（課税事業者）に限られま
す。よって，インボイス制度導入後，免税事業者や消費者から行った課税
仕入れは，原則として仕入税額控除が適用されません。

　ただし，区分記載請求書等と同様の事項が記載された請求書等及びこの
経過措置の規定の適用を受ける旨を記載した帳簿を保存している場合，次
の期間において，仕入税額相当額の一定割合を仕入税額として控除できる
経過措置が設けられています。

（1）令和5年10月1日〜令和8年9月30日まで
　　　仕入税額相当額の80％
（2）令和8年10月1日〜令和11年9月30日まで
　　　仕入税額相当額の50％

　また，宅地建物取引業を営む事業者が適格請求書発行事業者でない者か
ら建物を当該事業者の棚卸資産として取得する取引の場合，帳簿のみの保
存で仕入税額控除が認められます（新消法30⑦，新消令49①一ハ（3））。

（ケース1①）

売主が適格請求書発行事業者であるため，建物に係る消費税は，仕入税額控除が適用されます。

（ケース1②）

売主は適格請求書発行事業者ではありませんが，宅地建物取引業者が，「適格請求書発行事業者でない者から建物を当該事業者の棚卸資産として取得する取引」に該当するため，帳簿のみの保存で，建物に係る消費税は，仕入税額控除が適用されます。

（ケース2①）

売主が適格請求書発行事業者であるため，建物に係る消費税は，仕入税額控除が適用されます。

（ケース2②）

売主が適格請求書発行事業者でなく，宅地建物取引業者が，「適格請求書発行事業者でない者から建物を当該事業者の棚卸資産として取得する取引」に該当しないため，建物に係る消費税は，仕入税額控除が適用されません。ただし，令和5年10月1日〜令和8年9月30日まで仕入税額相当額の80％，令和8年10月1日〜令和11年9月30日まで仕入税額相当額の50％を仕入税額として控除できる経過措置が設けられています。

インボイス制度導入後，買主が不動産会社（宅地建物取引業者）である場合は一定の措置が設けられていますが，取引の目的により取扱いが異なります。

QA29　事業会社（課税事業者）の店舗の賃貸

Q

　事業会社（課税事業者）が，自社ビルの１階店舗を月額100万円（税抜）で賃貸したときの，賃料に係る消費税の取扱いについて教えてください。

A　賃料100万円は，課税売上高になります。

解 説（Q5参照）

　課税事業者は，「課税期間中の課税売上げに係る消費税額」から，「課税期間中の課税仕入れ等に係る消費税額」を控除した金額を納付します。店舗の賃料は，課税資産の譲渡等の対価の額（消法28）に該当するため，賃料に係る消費税は「課税期間中の課税売上げに係る消費税額」に含まれます。

　なお，課税事業者について適格請求書発行事業者の登録がない場合，賃借人が賃料に係る消費税については仕入税額控除ができない（一定期間，経過措置あり）ため，先行きを考えてインボイス制度導入後，課税事業者については，適格請求書発行事業者の登録をすべきであると考えられます。

QA30　事業会社（課税事業者）の事務所の売却

> **Q**
>
> 　事業会社（課税事業者）が，Q27で取得した事務所を売却したときの，建物に係る消費税の取扱いについて教えてください。
>
> | （売却価格） | | （取得価格） | |
> |---|---|---|---|
> | 土地 | ：4億円 | 土地 | ：3億円 |
> | 建物（税抜） | ：2億円 | 建物（税抜） | ：1億円 |
> | 建物に係る消費税 | ：2,000万円 | 建物に係る消費税 | ：1,000万円 |

A　建物の売却価格4億円は，課税売上高になります。

解　説 （Q6参照）

　課税事業者は，「課税期間中の課税売上げに係る消費税額」から，「課税期間中の課税仕入れ等に係る消費税額」を控除した金額を納付します。建物の譲渡は，課税資産の譲渡等の対価の額（消法28）に該当するため，建物に係る消費税は「課税期間中の課税売上げに係る消費税額」に含まれます。

　なお，課税事業者について適格請求書発行事業者の登録がない場合，買主が建物に係る消費税については仕入税額控除ができない（一定期間，経過措置あり）ため，先行きを考えてインボイス制度導入後，課税事業者については，適格請求書発行事業者の登録をすべきであると考えられます。

◆**整理**④◆課税事業者の居住用賃貸建物以外の建物の取得から売却まで

| 事業者 | | 取　得 | | | 運用期間 | 売却 |
		売主	取得目的	仕　入税額控除	賃料	建物
課税事業者	宅建業者以外	適格請求書発行事業者	-	あり	納付	納付
		上記以外		なし		
	宅建業者	適格請求書発行事業者	-	あり		
		上記以外	棚卸資産			
			固定資産	なし		

QA31　個人事業主（免税事業者）の賃貸マンションの取得

Q

　　個人事業主（免税事業者）が，次の賃貸マンションを取得しました。建物に係る消費税の取扱いについて教えてください。

（取得価格）	
土地	：3,000万円
建物（税抜）	：1,000万円
建物に係る消費税	：100万円

A　消費税の処理はありません。

解　説（Q7参照）

　免税事業者は，その課税期間における課税資産の譲渡等について，納税義務が免除されます（消法9）。よって，建物に係る消費税について，仕入税額控除は適用されません。

　免税事業者による居住用賃貸建物の取得については，インボイス制度導入後においても影響はないと考えられます。

88

QA32　個人事業主（免税事業者）のマンションの賃貸

> **Q**
>
> 　個人事業主（免税事業者）が，Q31で取得したマンションを賃貸
> しました。賃料に係る消費税の取扱いについて教えてください。

A　消費税の処理はありません。

解　説（Q8参照）

　住宅の貸付けは非課税取引に該当し，マンションの賃料に消費税は課税
されません（消法6，消法別表第1十三）。よって，「益税」は発生しませ
ん。

　免税事業者による居住用賃貸建物の賃貸については，インボイス制度導
入後においても影響はないと考えられます。

QA33　個人事業主（免税事業者）の居住用賃貸建物の売却

Q

　個人事業主（免税事業者）が，Q31で取得したマンションを売却しました。買主が次のケースについて，売主及び買主の建物に係る消費税の取扱いについて教えてください。

（売却価格）	
土地	：4,000万円
建物（税抜）	：1,500万円
建物に係る消費税	：150万円

（取得価格）	
土地	：3,000万円
建物（税抜）	：1,000万円
建物に係る消費税	：100万円

（ケース1）

消費者

（ケース2）

個人事業主（免税事業者）

（ケース3）

事業会社（課税事業者）

（ケース4）

不動産会社（課税事業者）が「棚卸資産」として購入

（ケース5）

不動産会社（課税事業者）が「固定資産」として購入

A

（ケース１）

売主：消費税の処理はありません。

買主：消費税の処理はありません。

（ケース２）

売主：消費税の処理はありません。

買主：消費税の処理はありません。

（ケース３）

売主：消費税の処理はありません。ただし，買主から売買価格の減額交
　　　渉を受ける可能性，流動性の低下等が懸念されます。

買主：仕入税額控除は適用されませんが，一定期間，仕入税額相当額の
　　　一定割合を仕入税額として控除できる経過措置が設けられていま
　　　す。

　　　ただし，居住用賃貸建物の取得に該当するため，仕入税額控除が
　　　制限されます。

（ケース４）

売主：消費税の処理はありません。

買主：仕入税額控除が制限されます。

（ケース５）

売主：消費税の処理はありません。ただし，買主から売買価格の減額交
　　　渉を受ける可能性，流動性の低下等が懸念されます。

買主：仕入税額控除は適用されませんが，一定期間，仕入税額相当額の

一定割合を仕入税額として控除できる経過措置が設けられています。

ただし，居住用賃貸建物の取得に該当するため，仕入税額控除が制限されます。

解 説（Q9参照）――――――――――――――――――――――――――

　インボイス制度導入後は，適格請求書発行事業者が交付する「適格請求書（インボイス）」等の保存が，仕入税額控除の要件となります。インボイスを交付できるのは，インボイス発行事業者（課税事業者）に限られます。よって，インボイス制度導入後，免税事業者や消費者から行った課税仕入れは，原則として仕入税額控除が適用されません。

　ただし，区分記載請求書等と同様の事項が記載された請求書等及びこの経過措置の規定の適用を受ける旨を記載した帳簿を保存している場合，次の期間において，仕入税額相当額の一定割合を仕入税額として控除できる経過措置が設けられています。

（1）令和5年10月1日～令和8年9月30日まで
　　　仕入税額相当額の80％
（2）令和8年10月1日～令和11年9月30日まで
　　　仕入税額相当額の50％

　なお，宅地建物取引業を営む事業者が適格請求書発行事業者でない者から建物を当該事業者の棚卸資産として取得する取引の場合，帳簿のみの保存で仕入税額控除が認められます（新消法30⑦，新消令49①一ハ（3））。

　また，令和2年度税制改正により，令和2年10月1日以後に行われる，居住用賃貸建物（高額特定資産又は調整対象自己建設高額資産に該当する

ものに限る）の課税仕入れ等の税額について，仕入税額控除が制限される
ことになりました（消法30⑩）。

（ケース１），（ケース２）

　売主及び買主は，ともに免税事業者であることから，消費税の処理はあ
りません。売主は，建物に係る消費税150万円が「益税」となります。

　ただし，仲介手数料等の売却に係る課税仕入れについて，仕入税額控除
の適用はありません。

　免税事業者同士による，居住用賃貸建物の売買については，インボイス
制度導入後においても影響はないと考えられます。

（ケース３）

　インボイス制度導入後は，免税事業者からの課税仕入れは仕入税額控除
が適用されません。売主は，建物に係る消費税150万円が「益税」となり
ますが，買主が仕入税額控除を受けられないことによる負担相当額につい
て，買主から売買価格の減額交渉を受ける可能性や，売買市場における流
動性の低下等が懸念されます。

　ただし，経過措置期間（令和５年10月１日〜令和８年９月30日まで仕入
税額相当額の80％，令和８年10月１日〜令和11年９月30日まで仕入税額相
当額の50％を仕入税額として控除できる。）については，帳簿のみの保存
で，建物に係る消費税の一定割合を仕入税額として控除できます。しかし，
居住用賃貸建物の取得に該当するため，仕入税額控除が制限されます。

（ケース４）

　売主は，建物に係る消費税150万円が「益税」となります。

　ただし，仲介手数料等の売却に係る課税仕入れについて，仕入税額控除

の適用はありません。

　買主は，インボイス制度導入後，免税事業者からの課税仕入れは仕入税額控除が適用されません。

　ただし，宅地建物取引業者が，「適格請求書発行事業者でない者から建物を当該事業者の棚卸資産として取得する取引」に該当するため，帳簿のみの保存で，建物に係る消費税の一定割合を仕入税額として控除できます。しかし，居住用賃貸建物の取得に該当するため，仕入税額控除が制限されます。

（ケース５）

　売主は，建物に係る消費税150万円が「益税」となります。

　ただし，仲介手数料等の売却に係る課税仕入れについて，仕入税額控除の適用はありません。

　買主は，宅地建物取引業者が，「適格請求書発行事業者でない者から建物を当該事業者の棚卸資産として取得する取引」に該当しないため，建物に係る消費税150万円について，仕入税額控除が適用されません。よって，売主は，買主が仕入税額控除を受けられないことによる負担相当額について，買主から売買価格の減額交渉を受ける可能性や，売買市場における流動性の低下等が懸念されます。

　ただし，経過措置期間（令和５年10月１日〜令和８年９月30日まで仕入税額相当額の80％，令和８年10月１日〜令和11年９月30日まで仕入税額相当額の50％を仕入税額として控除できる。）については，帳簿のみの保存で，建物に係る消費税の一定割合を仕入税額として控除できます。しかし，居住用賃貸建物の取得に該当するため，仕入税額控除が制限されます。

　インボイス制度導入後，買主が不動産会社（宅地建物取引業者）である場合は一定の措置が設けられていますが，取引の目的により取扱いが異なります。

QA34　個人事業主（免税事業者）の賃貸マンションの売却

Q

　個人事業主（免税事業者）が，賃貸マンションを売却しました。買主が次のケースにおける，売主及び買主の建物に係る消費税の取扱いについて教えてください。

> （売却価格）
> 土地　　　　　　：1,000万円
> 建物（税抜）　　：500万円
> 建物に係る消費税：50万円

（ケース1）

不動産会社（課税事業者）が「棚卸資産」として購入

（ケース2）

不動産会社（課税事業者）が「固定資産」として購入

A

（ケース1）

売主：消費税の処理はありません。

買主：建物に係る消費税は，仕入税額控除が適用されます。

（ケース2）

売主：消費税の処理はありません。ただし，買主から売却価格の減額交
　　　渉を受ける可能性，流動性の低下等が懸念されます。

買主：建物に係る消費税は，仕入税額控除は適用されません。ただし，
　　　一定期間，仕入税額相当額の一定割合を仕入税額として控除でき
　　　る経過措置が設けられています。

解　説（Q33参照）──────────────────────

インボイス制度導入後は，適格請求書発行事業者が交付する「適格請求
書（インボイス）」等の保存が，仕入税額控除の要件となります。インボ
イスを交付できるのは，インボイス発行事業者（課税事業者）に限られま
す。よって，インボイス制度導入後，免税事業者や消費者から行った課税
仕入れは，原則として仕入税額控除が適用されません。

ただし，区分記載請求書等と同様の事項が記載された請求書等及びこの
経過措置の規定の適用を受ける旨を記載した帳簿を保存している場合，次
の期間において，仕入税額相当額の一定割合を仕入税額として控除できる
経過措置が設けられています。

（1）令和5年10月1日〜令和8年9月30日まで
　　　仕入税額相当額の80％
（2）令和8年10月1日〜令和11年9月30日まで
　　　仕入税額相当額の50％

なお，宅地建物取引業を営む事業者が適格請求書発行事業者でない者か
ら建物を当該事業者の棚卸資産として取得する取引の場合，帳簿のみの保
存で仕入税額控除が認められます（新消法30⑦，新消令49①一ハ（3））。

　また，令和2年度税制改正により，令和2年10月1日以後に行われる，居住用賃貸建物（高額特定資産又は調整対象自己建設高額資産に該当するものに限る）の課税仕入れ等の税額について，仕入税額控除が制限されることになりました（消法30⑩）。

（ケース1）

　売主は，建物に係る消費税50万円が「益税」となります。

　ただし，仲介手数料等の売却に係る課税仕入れについて，仕入税額控除の適用はありません。

　買主は，インボイス制度導入後，免税事業者からの課税仕入れは仕入税額控除が適用されません。ただし，本件は高額特定資産に該当せず，また，宅地建物取引業者が，「適格請求書発行事業者でない者から建物を当該事業者の棚卸資産として取得する取引」であるため，帳簿のみの保存で，建物に係る消費税50万円について，仕入税額控除が適用されます。

（ケース2）

　売主は，建物に係る消費税50万円が「益税」となります。

　ただし，仲介手数料等の売却に係る課税仕入れについて，仕入税額控除の適用はありません。

　買主については，本件は高額特定資産に該当しませんが，宅地建物取引業者が，「適格請求書発行事業者でない者から建物を当該事業者の棚卸資産として取得する取引」に該当しないため，建物に係る消費税50万円について，仕入税額控除が適用されません。よって，売主は，買主が仕入税額控除を受けられないことによる負担相当額について，買主から売買価格の減額交渉を受ける可能性や，売買市場における流動性の低下等が懸念されます。

　ただし，経過措置期間（令和5年10月1日～令和8年9月30日まで仕入税額相当額の80％，令和8年10月1日～令和11年9月30日まで仕入税額相当額の50％を仕入税額として控除できる。）については，帳簿のみの保存で，建物に係る消費税の一定割合を仕入税額として控除できます。

　インボイス制度導入後，買主が不動産会社（宅地建物取引業者）である場合は一定の措置が設けられていますが，取引の目的により取扱いが異なります。

◆整理⑤◆免税事業者の居住用賃貸建物の取得から売却まで

事業者	取得	運用期間	売却				
	仕　入税額控除	賃料	建物	買　主		取得目的	仕　入税額控除
免税事業者	なし	非課税	益税	免税事業者		-	なし
				課税事業者	宅建業者以外	-	なし（※）
					宅建業者　高額特定資産等以外	棚卸資産	あり
						固定資産	なし（※）
					高額特定資産等	棚卸資産	制限
						固定資産	なし（※）

※　流動性に懸念

QA35 資産管理会社（課税事業者）の賃貸マンションの取得

Q

　　上場企業創業者オーナー一族の資産管理会社（課税事業者）が，次の賃貸マンションを取得しました。売主が次のケースについて，建物に係る消費税の取扱いについて教えてください。

> （取得価格）
> 土地　　　　　　：3億円
> 建物（税抜）　　：2億円
> 建物に係る消費税：2,000万円

（ケース1）
消費者又は免税事業者

（ケース2）
課税事業者（適格請求書発行事業者に該当しない）

（ケース3）
不動産会社（適格請求書発行事業者）

A

（ケース1）

　建物に係る消費税は，仕入税額控除は適用されません。ただし，一定期

間，仕入税額相当額の一定割合を仕入税額として控除できる経過措置が設けられています。しかし，居住用賃貸建物の取得に該当するため，仕入税額控除が制限されます。

（ケース 2）

建物に係る消費税は，仕入税額控除は適用されません。ただし，一定期間，仕入税額相当額の一定割合を仕入税額として控除できる経過措置が設けられています。しかし，居住用賃貸建物の取得に該当するため，仕入税額控除が制限されます。

（ケース 3）

仕入税額控除が制限されます。

解 説 （Q10参照）

インボイス制度導入後は，適格請求書発行事業者が交付する「適格請求書（インボイス）」等の保存が，仕入税額控除の要件となります。インボイスを交付できるのは，インボイス発行事業者（課税事業者）に限られます。よって，インボイス制度導入後，免税事業者や消費者から行った課税仕入れは，原則として仕入税額控除が適用されません。

ただし，区分記載請求書等と同様の事項が記載された請求書等及びこの経過措置の規定の適用を受ける旨を記載した帳簿を保存している場合，次の期間において，仕入税額相当額の一定割合を仕入税額として控除できる経過措置が設けられています。

（1）令和 5 年10月 1 日～令和 8 年 9 月30日まで

　　仕入税額相当額の80%

（2）令和 8 年10月 1 日〜令和11年 9 月30日まで

　　　仕入税額相当額の50％

　なお，令和 2 年度税制改正により，令和 2 年10月 1 日以後に行われる，居住用賃貸建物（高額特定資産又は調整対象自己建設高額資産に該当するものに限る）の課税仕入れ等の税額について，仕入税額控除が制限されることになりました（消法30⑩）。

（ケース 1 ），（ケース 2 ）

　売主が適格請求書発行事業者でないため，建物に係る消費税について，仕入税額控除は適用されません。

　ただし，経過措置期間（令和 5 年10月 1 日〜令和 8 年 9 月30日まで仕入税額相当額の80％，令和 8 年10月 1 日〜令和11年 9 月30日まで仕入税額相当額の50％を仕入税額として控除できる。）については，帳簿のみの保存で，建物に係る消費税の一定割合を仕入税額として控除できます。しかし，居住用賃貸建物の取得に該当するため，仕入税額控除が制限されます。

（ケース 3 ）

　売主は適格請求書発行事業者であり，居住用賃貸建物（高額特定資産又は調整対象自己建設高額資産に該当する）の取得であるため，建物に係る消費税は，仕入税額控除の制限を受けます。

QA36　事業会社（課税事業者）の賃貸マンションの取得

Q

　事業会社（課税事業者）が，不動産会社（適格請求書発行事業者）から次の賃貸マンションを取得しました。建物に係る消費税の取扱いについて教えてください。

（取得価格）	
土地	：1,500万円
建物	：500万円
建物に係る消費税	：50万円

A　仕入税額控除が適用されます。

解　説（Q11参照）

　インボイス制度導入後は，適格請求書発行事業者が交付する「適格請求書（インボイス）」等の保存が，仕入税額控除の要件となります。インボイスを交付できるのは，インボイス発行事業者（課税事業者）に限られます。よって，インボイス制度導入後，免税事業者や消費者から行った課税仕入れは，原則として仕入税額控除が適用されません。

　なお，令和２年度税制改正により，令和２年10月１日以後に行われる，居住用賃貸建物（高額特定資産又は調整対象自己建設高額資産に該当するものに限る）の課税仕入れ等の税額について，仕入税額控除が制限される

ことになりました（消法30⑩）。

　売主は適格請求書発行事業者であり，本件は「高額特定資産又は調整対象自己建設高額資産」に該当しないため，建物に係る消費税は，仕入税額控除が適用されます。

QA37　不動産会社（課税事業者）の賃貸マンションの取得①

Q

　不動産会社（課税事業者）が，長期保有目的（「固定資産」として）で賃貸マンションを取得しました。売主が次のケースについて，建物に係る消費税の取扱いについて教えてください。

（取得価格）

土地　　　　　　：3億円

建物（税抜）　　：2億円

建物に係る消費税：2,000万円

（ケース1）

消費者又は免税事業者

（ケース2）

事業会社（適格請求書発行事業者）

A

（ケース1）

　建物に係る消費税は，仕入税額控除は適用されません。ただし，一定期間，仕入税額相当額の一定割合を仕入税額として控除できる経過措置が設けられています。しかし，居住用賃貸建物の取得に該当するため，当該期間は仕入税額控除が制限されます。

（ケース2）

仕入税額控除が制限されます。

解　説（Q12参照）──────────────────────

　インボイス制度導入後は，適格請求書発行事業者が交付する「適格請求書（インボイス）」等の保存が，仕入税額控除の要件となります。インボイスを交付できるのは，インボイス発行事業者（課税事業者）に限られます。よって，インボイス制度導入後，免税事業者や消費者から行った課税仕入れは，原則として仕入税額控除が適用されません。

　ただし，区分記載請求書等と同様の事項が記載された請求書等及びこの経過措置の規定の適用を受ける旨を記載した帳簿を保存している場合，次の期間において，仕入税額相当額の一定割合を仕入税額として控除できる経過措置が設けられています。

（1）令和5年10月1日〜令和8年9月30日まで

　　　仕入税額相当額の80%

（2）令和8年10月1日〜令和11年9月30日まで

　　　仕入税額相当額の50%

　なお，宅地建物取引業を営む事業者が適格請求書発行事業者でない者から建物を当該事業者の棚卸資産として取得する取引の場合，帳簿のみの保存で仕入税額控除が認められます（新消法30⑦，新消令49①一ハ（3））。

　また，令和2年度税制改正により，令和2年10月1日以後に行われる，居住用賃貸建物（高額特定資産又は調整対象自己建設高額資産に該当するものに限る）の課税仕入れ等の税額について，仕入税額控除が制限されることになりました（消法30⑩）。

（ケース１）

　売主が適格請求書発行事業者に該当せず，買主は不動産会社となりますが，「宅地建物取引業を営む事業者が適格請求書発行事業者でない者から建物を当該事業者の棚卸資産として取得する取引の場合」に該当しないため，建物に係る消費税は，仕入税額控除が適用されません。

　ただし，経過措置期間（令和５年10月１日〜令和８年９月30日まで仕入税額相当額の80％，令和８年10月１日〜令和11年９月30日まで仕入税額相当額の50％を仕入税額として控除できる。）については，帳簿のみの保存で，建物に係る消費税の一定割合を仕入税額として控除できます。しかし，居住用賃貸建物の取得に該当するため，仕入税額控除が制限されます。

（ケース２）

　売主が適格請求書発行事業者であり，居住用賃貸建物の取得（高額特定資産又は調整対象自己建設高額資産）に該当するため，建物に係る消費税は仕入税額控除が制限されます。

QA38 不動産会社（課税事業者）の賃貸マンションの取得②

Q

　不動産会社（課税事業者）が，短期転売目的（「棚卸資産」として）で賃貸マンションを取得しました。売主が次のケースについて，建物に係る消費税の取扱いについて教えてください。

> （取得価格）
> 土地　　　　　　　：3億円
> 建物　　　　　　　：2億円
> 建物に係る消費税：2,000万円

（ケース1）
消費者又は免税事業者

（ケース2）
事業会社（適格請求書発行事業者）

A

（ケース1）
仕入税額控除の制限を受けます。

（ケース2）
仕入税額控除の制限を受けます。

解　説 （Q37参照）

　インボイス制度導入後は，適格請求書発行事業者が交付する「適格請求書（インボイス）」等の保存が，仕入税額控除の要件となります。インボイスを交付できるのは，インボイス発行事業者（課税事業者）に限られます。よって，インボイス制度導入後，免税事業者や消費者から行った課税仕入れは，原則として仕入税額控除が適用されません。

　ただし，宅地建物取引業を営む事業者が適格請求書発行事業者でない者から建物を当該事業者の棚卸資産として取得する取引の場合，帳簿のみの保存で仕入税額控除が認められます（新消法30⑦，新消令49①一ハ（３））。

　なお，令和２年度税制改正により，令和２年10月１日以後に行われる，居住用賃貸建物（高額特定資産又は調整対象自己建設高額資産に該当するものに限る）の課税仕入れ等の税額について，仕入税額控除が制限されることになりました（消法30⑩）。

（ケース１）

　売主は適格請求書発行事業者に該当しませんが，買主が不動産会社であり，「宅地建物取引業を営む事業者が適格請求書発行事業者でない者から建物を当該事業者の棚卸資産として取得する取引の場合」に該当するため，帳簿のみの保存で仕入税額控除が認められます。ただし，居住用賃貸建物（高額特定資産又は調整対象自己建設高額資産に該当する）の取得であるため，建物に係る消費税は，仕入税額控除が制限されます。

（ケース２）

　売主が適格請求書発行事業者ですが，居住用賃貸建物（高額特定資産又は調整対象自己建設高額資産に該当する）の取得であるため，建物に係る消費税は，仕入税額控除が制限されます。

QA39　不動産会社（課税事業者）の賃貸マンションの取得③

Q

　ワンルームマンションの転売業者（課税事業者）が，賃貸マンションを短期転売目的（「棚卸資産」として）取得しました。売主が次のケースについて，建物に係る消費税の取扱いについて教えてください。

> （取得価格）
> 土地　　　　　　　：1,500万円
> 建物　　　　　　　：500万円
> 建物に係る消費税：50万円

（ケース1）

消費者又は免税事業者

（ケース2）

事業会社（適格請求書発行事業者）

A

（ケース1）

仕入税額控除が適用されます。

（ケース2）

仕入税額控除が適用されます。

解 説 （Q11，12参照）――――――――――――――――――――――

　インボイス制度導入後は，適格請求書発行事業者が交付する「適格請求書（インボイス）」等の保存が，仕入税額控除の要件となります。インボイスを交付できるのは，インボイス発行事業者（課税事業者）に限られます。よって，インボイス制度導入後，免税事業者や消費者から行った課税仕入れは，原則として仕入税額控除が適用されません。

　ただし，宅地建物取引業を営む事業者が適格請求書発行事業者でない者から建物を当該事業者の棚卸資産として取得する取引の場合，帳簿のみの保存で仕入税額控除が認められます（新消法30⑦，新消令49①一ハ（3））。

　なお，令和2年度税制改正により，令和2年10月1日以後に行われる，居住用賃貸建物（高額特定資産又は調整対象自己建設高額資産に該当するものに限る）の課税仕入れ等の税額について，仕入税額控除が制限されることになりました（消法30⑩）。

（ケース1）

　売主は適格請求書発行事業者に該当しませんが，買主は不動産会社であり，「宅地建物取引業を営む事業者が適格請求書発行事業者でない者から建物を当該事業者の棚卸資産として取得する取引の場合」に該当するため，帳簿のみの保存で，仕入税額控除が認められます。また，本件建物は，居住用賃貸建物（高額特定資産又は調整対象自己建設高額資産）に該当しないため，建物に係る消費税は，仕入税額控除が適用されます。

（ケース2）

　売主が適格請求書発行事業者であり，本件建物は，「高額特定資産又は調整対象自己建設高額資産」に該当しないため，建物に係る消費税は，仕入税額控除が適用されます。

　なお，Q12のとおり，転売目的で取得した賃貸マンション（居住用賃貸建物）については，「課税対応」，「共通対応」のいずれに該当するか，争われましたが，最高裁判所は，「共通対応」に該当すると判断しました（令和5年3月6日第一小法廷判決　令和3年（行ヒ）第260号消費税更正処分等取消請求事件）。

QA40　不動産会社（課税事業者）のマンションの賃貸

> **Q**
>
> 　不動産会社（適格請求書発行事業者）が，マンションを月額200万円で賃貸しました。賃料に係る消費税の取扱いについて教えてください。

A　賃料200万円は，非課税売上高になります。

解　説　（Q13参照）────────────────

　住宅の貸付けは非課税取引に該当し，マンションの賃料に消費税は課税されません（消法6，消法別表第1十三）。よって，非課税売上高の増加に伴い，課税売上割合が低下します。

　マンションの賃貸については，インボイス制度導入後においても影響はないと考えられます。

QA41　不動産会社（課税事業者）の賃貸マンションの転用①

Q

　３月決算法人である不動産会社（課税事業者）が，事業会社（適格請求書発行事業者）から，X1年４月１日（X1年度）に賃貸マンションを取得，X6年４月１日（X6年度）に訪日観光客の増加を見込み，民泊（課税売上高）に転用しました。建物に係る消費税の取扱いについて教えてください。

> （取得価格）
> 土地　　　　　　：３億円
> 建物（税抜）　　：２億円
> 建物に係る消費税：2,000万円

A　建物に係る消費税は，取得したX1年度において仕入税額控除が制限されます。建物を転用したX6年度は，調整期間経過後であるため，仕入控除税額の調整はありません。

解　説（Q14参照）

　建物に係る消費税2,000万円は，取得したX1年度において，仕入税額控除が制限されます（消法30⑩）。転用したX6年度は，調整期間経過後であるため，仕入控除税額の調整はありません。

　適格請求書発行事業者から取得した居住用賃貸建物の転用については，

インボイス制度導入後においても影響はないと考えられます。

QA42　不動産会社（課税事業者）の賃貸マンションの転用②

Q

　3月決算法人である不動産会社（課税事業者）が，事業会社（適格請求書発行事業者）から，X1年4月1日（X1年度）に次の賃貸マンションを取得しました。

　その後，X3年10月1日（X3年度）に民泊（課税売上高）に転用，X4年3月31日において，当該物件を保有しています。建物に係る消費税の取扱いについて教えてください。

（概要）

土地	：3億円
建物（税抜）	：2億円
建物に係る消費税	：2,000万円
居住用賃料（転用前：X1.4.1〜X3.9.30）	：7,000万円
民泊売上高（転用後：X3.10.1〜X4.3.31）	：3,000万円（税抜）

A　建物に係る消費税2,000万円は，取得したX1年度において仕入税額控除が制限されます。転用したX3年度において，建物に係る消費税2,000万円のうち600万円を仕入控除税額に加算します。

解説（Q15参照）

　課税事業者が，適格請求書発行事業者から居住用賃貸建物を取得した場

116

合，「居住用賃貸建物の取得等に係る仕入税額控除の制限」の適用を受けます。

「居住用賃貸建物の取得等に係る仕入税額控除の制限」の適用を受けた居住用賃貸建物について，次の条件を全て満たすときは，次の算式によって計算した金額（その居住用賃貸建物に係る課税仕入れ等の税額に課税賃貸割合を乗じて計算した金額に相当する消費税額）を，第3年度の課税期間の仕入れに係る消費税額に加算します（消法35の2①）。

（加算する消費税額）

$$加算する消費税額 = 居住用賃貸建物の課税仕入れ等に係る消費税額 \times \frac{Aのうち課税賃貸用に供したものに係る金額}{調整期間に行った居住用賃貸建物の貸付けの対価の額の合計額（A）}$$

出所：「消費税法改正のお知らせ（令和2年4月国税庁）」を基に著者作成

（条件）

① 第3年度の課税期間の末日に当該居住用賃貸建物を有していること。

② 当該居住用賃貸建物の全部又は一部を当該居住用賃貸建物の仕入れ等の日から第3年度の課税期間の末日までの間（以下，「調整期間」という）に別表第1第13号に掲げる住宅の貸付け以外の貸付けの用（以下，「課税賃貸用」という。）に供したとき。

本件は次のとおり，X1年度に取得した建物に係る消費税2,000万円のうち600万円を，第3年度の課税期間であるX3年度の仕入控除税額に加算します。

課税事業者が，適格請求書発行事業者から取得した居住用賃貸建物の転用については，インボイス制度導入後においても影響はないと考えられま

す。

$$加算する消費税額＝2,000万円 \times \frac{3,000万円}{1億円　(7,000万円+3,000万円)} ＝600万円$$

●例題3● 不動産会社（課税事業者）の賃貸マンションの転用

Q

　3月決算法人である不動産会社（課税事業者）が，令和6年4月1日（X1年度）に，次の賃貸マンションを免税事業者から取得しました。その後，令和8年10月1日（X3年度）に民泊（課税売上高）に転用，令和9年3月31日において，当該物件を保有しています。建物に係る消費税の取扱いについて教えてください。

（概要）

土地	：3億円
建物（税抜）	：2億円
建物に係る消費税	：2,000万円
居住用賃料（転用前：R6.4.1〜R8.9.30）	：7,000万円
民泊売上高（転用後：R8.10.1〜R9.3.31）	：3,000万円（税抜）

A　建物に係る消費税2,000万円は，取得したX1年度において仕入税額控除が制限されます。転用したX3年度において，建物に係る消費税のうち480万円を仕入控除税額に加算します。

解　説 （Q15，42参照）

　「居住用賃貸建物の取得等に係る仕入税額控除の制限」の適用を受けた居住用賃貸建物について，次の条件を全て満たすときは，次の算式によっ

て計算した金額（その居住用賃貸建物に係る課税仕入れ等の税額に課税賃貸割合を乗じて計算した金額に相当する消費税額）を，第3年度の課税期間の仕入れに係る消費税額に加算します（消法35の2①）。

（算式）

$$\text{加算する消費税額} = \text{居住用賃貸建物の課税仕入れ等に係る消費税額} \times \frac{\text{Aのうち課税賃貸用に供したものに係る金額}}{\text{調整期間に行った居住用賃貸建物の貸付けの対価の額の合計額（A）}}$$

出所：「消費税法改正のお知らせ（令和2年4月国税庁）」を基に著者作成

（条件）

① 　第3年度の課税期間の末日に当該居住用賃貸建物を有していること。

② 　当該居住用賃貸建物の全部又は一部を当該居住用賃貸建物の仕入れ等の日から第3年度の課税期間の末日までの間（以下，「調整期間」という）に別表第1第13号に掲げる住宅の貸付け以外の貸付けの用（以下，「課税賃貸用」という。）に供したとき。

　ところで，インボイス制度導入後は，適格請求書発行事業者が交付する「適格請求書（インボイス）」等の保存が，仕入税額控除の要件となります。インボイスを交付できるのは，インボイス発行事業者（課税事業者）に限られます。よって，インボイス制度導入後，免税事業者や消費者から行った課税仕入れは，原則として仕入税額控除が適用されません。

　ただし，区分記載請求書等と同様の事項が記載された請求書等及びこの経過措置の規定の適用を受ける旨を記載した帳簿を保存している場合，次の期間において，仕入税額相当額の一定割合を仕入税額として控除できる経過措置が設けられています。

（1）令和 5 年10月 1 日〜令和 8 年 9 月30日まで

仕入税額相当額の80％

（2）令和 8 年10月 1 日〜令和11年 9 月30日まで

仕入税額相当額の50％

　本件は免税事業者からの課税仕入れであり，経過措置期間（仕入税額相当額の80％）での取得であるため，建物に係る消費税2,000万円の80％である1,600万円について，調整対象となります。

　X1年度に取得した建物に係る消費税について，仕入税額控除が制限されますが，調整期間内の転用であるため，X1年度に取得した建物に係る消費税2,000万円について，調整対象となる1,600万円のうち480万円を，第 3 年度の課税期間であるX3年度の仕入控除税額に加算します。

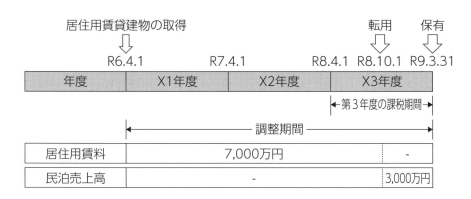

$$\text{加算する} \atop \text{消費税額} = 1{,}600万円（※）\times \frac{3{,}000万円}{1億円（7{,}000万円+3{,}000万円）} = 480万円$$

※2,000万円×80％＝1,600万円

●例題4● 不動産会社（課税事業者）の賃貸マンションの売却

Q

　3月決算の不動産会社（課税事業者）が，令和9年4月1日（X1年度）に次の賃貸マンションを免税事業者から取得しました。このマンションを，令和11年9月30日（X3年度）に売却したときの，売却時の建物に係る消費税の取扱いについて教えてください。

（取　　得）

土地　　　　　　：3億円

建物（税抜）　　：2億円

建物に係る消費税：2,000万円

（運用期間）

居住用賃料（R9.4.1～R11.9.30）：7,000万円

（売　　却）

土地　　　　　　：4億円

建物（税抜）　　：3.3億円

建物に係る消費税：3,300万円

A　建物の売却価格3.3億円は，課税売上高になります。また，取得時に仕入税額控除の制限を受けた建物に係る消費税のうち，825万円がX3年度の仕入控除税額に加算されます。

122

【解説】（Q17，44参照）————————————————————

　建物の譲渡は，課税資産の譲渡等の対価の額に該当します。よって，建物の売却価格は課税売上高となります。

　また，「居住用賃貸建物の取得等に係る仕入税額控除の制限」の適用を受けた居住用賃貸建物について，その全部又は一部を調整期間に他の者に譲渡したときは，次の算式によって計算した金額（譲渡をした居住用賃貸建物に係る課税仕入れ等の税額に課税譲渡等割合を乗じて計算した金額に相当する消費税額）を，譲渡をした課税期間の仕入れに係る消費税額に加算します（消法35の2②）。

（算式）

$$\text{加算する消費税額} = \substack{\text{居住用賃貸建物の}\\ \text{課税仕入れ等に係る}\\ \text{消費税額}} \times \frac{\substack{\text{Bのうち課税賃貸用に供した}\\ \text{ものに係る金額+Cの金額}}}{\substack{\text{課税譲渡等調整期間に行った}\\ \text{居住用賃貸建物の貸付けの}\\ \text{対価の額の合計額（B）+居住用}\\ \text{賃貸建物の譲渡の対価の額（C）}}}$$

出所：「消費税法改正のお知らせ（令和2年4月国税庁）」を基に著者作成

　ところで，インボイス制度導入後は，適格請求書発行事業者が交付する「適格請求書（インボイス）」等の保存が，仕入税額控除の要件となります。インボイスを交付できるのは，インボイス発行事業者（課税事業者）に限られます。よって，インボイス制度導入後，免税事業者や消費者から行った課税仕入れは，原則として仕入税額控除が適用されません。

　ただし，区分記載請求書等と同様の事項が記載された請求書等及びこの経過措置の規定の適用を受ける旨を記載した帳簿を保存している場合，次の期間において，仕入税額相当額の一定割合を仕入税額として控除できる経過措置が設けられています。

（1）令和5年10月1日〜令和8年9月30日まで

　　仕入税額相当額の80％

（2）令和8年10月1日〜令和11年9月30日まで

　　仕入税額相当額の50％

　本件は免税事業者からの課税仕入れであり，経過措置期間（仕入税額相当額の50％）での取得であるため，建物に係る消費税2,000万円の50％である1,000万円について，調整対象となります。

　X1年度に取得した建物に係る消費税について，仕入税額控除が制限されますが，調整期間内の売却であるため，X1年度に取得した建物に係る消費税2,000万円について，調整対象となる1,000万円のうち825万円を，譲渡した日の属する課税期間であるX3年度の仕入控除税額に加算します。

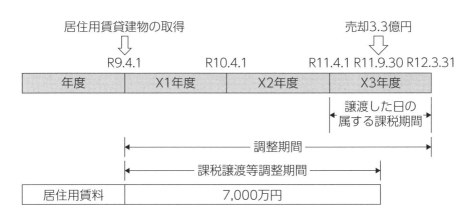

$$\text{加算する消費税額} = 1{,}000万円（※）\times \frac{3.3億円（0円+3.3億円）}{4億円（7{,}000万円+3.3億円）} = 825万円$$

※2,000万円×50％＝1,000万円

124

QA43　不動産会社（適格請求書発行事業者）の賃貸マンションの売却①

Q

　3月決算法人である不動産会社（適格請求書発行事業者）が，事業会社（適格請求書発行事業者）から，X1年4月1日（X1年度）に次の賃貸マンションを取得しました。X6年4月1日（X6年度）に売却したときの，建物に係る消費税の取扱いについて教えてください。なお，取得価格と売却価格は同額とします。

（概要）
土地　　　　　　：3億円
建物（税抜）　　：2億円
建物に係る消費税：2,000万円

A　建物の売却価格2億円は課税売上高となります。なお，調整期間経過後の売却であるため，仕入控除税額の調整はありません。

解　説 （Q16参照）────────────────────

　建物の譲渡は，課税資産の譲渡等の対価の額に該当します。よって，建物の売却価格は課税売上高となります。

　建物に係る消費税2,000万円は，取得したX1年度において仕入税額控除が制限されます（消法30⑩）。X6年度における売却は，調整期間経過後の

売却となるため，仕入控除税額の調整はありません。

　なお，課税事業者について適格請求書発行事業者の登録がない場合，買主が建物に係る消費税について仕入税額控除ができない（一定期間，経過措置あり）ため，インボイス制度導入後において，課税事業者については適格請求書発行事業者の登録をすべきであると考えられます。

QA44 不動産会社（適格請求書発行事業者）の賃貸マンションの売却②

Q

　3月決算法人である不動産会社（適格請求書発行事業者）が，事業会社（適格請求書発行事業者）から，X1年4月1日（X1年度）に次の賃貸マンションを取得しました。X3年10月1日（X3年度）に売却したときの，売却時の建物に係る消費税の取扱いについて教えてください。

（取　　得）

土地　　　　　　：3億円

建物（税抜）　　：2億円

建物に係る消費税：2,000万円

（運用期間）

居住用賃料（X1.4.1〜X3.9.30）：7,000万円

（売　　却）

土地　　　　　　：4億円

建物（税抜）　　：3.3億円

建物に係る消費税：3,300万円

A　建物の売却価格3.3億円は，課税売上高になります。また，取得時に仕入税額控除の制限を受けた建物に係る消費税2,000万円のうち，1,650万

円をX3年度の仕入控除税額に加算します。

解　説（Q17参照）

　建物の譲渡は，課税資産の譲渡等の対価の額に該当します。よって，建物の売却価格は課税売上高となります。

　ところで，「居住用賃貸建物の取得等に係る仕入税額控除の制限」の適用を受けた居住用賃貸建物について，その全部又は一部を調整期間に他の者に譲渡したときは，次の算式によって計算した金額（譲渡をした居住用賃貸建物に係る課税仕入れ等の税額に課税譲渡等割合を乗じて計算した金額に相当する消費税額）を，譲渡をした課税期間の仕入れに係る消費税額に加算します（消法35の2②）。

$$\text{加算する消費税額} = \begin{array}{c}\text{居住用賃貸建物の}\\\text{課税仕入れ等に係る}\\\text{消費税額}\end{array} \times \frac{\begin{array}{c}\text{Bのうち課税賃貸用に供した}\\\text{ものに係る金額＋Cの金額}\end{array}}{\begin{array}{c}\text{課税譲渡等調整期間に行った}\\\text{居住用賃貸建物の貸付けの}\\\text{対価の額の合計額（B）＋居住用}\\\text{賃貸建物の譲渡の対価の額（C）}\end{array}}$$

出所：「消費税法改正のお知らせ（令和2年4月国税庁）」を基に著者作成

　本件は，X1年度に取得した建物に係る消費税2,000万円について，仕入税額控除が制限されます。ただし，調整期間内の売却であるため，仕入税額控除が制限された2,000万円のうち1,650万円を，譲渡した日の属する課税期間であるX3年度の仕入控除税額に加算します。

　なお，課税事業者について適格請求書発行事業者の登録がない場合，買主が建物に係る消費税について仕入税額控除ができない（一定期間，経過措置あり）ため，インボイス制度導入後において，課税事業者については適格請求書発行事業者の登録をすべきであると考えられます。

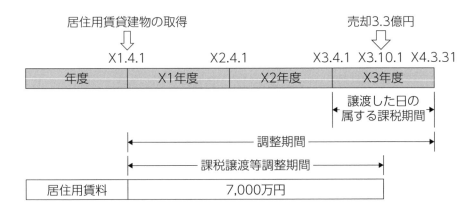

$$加算する消費税額 = 2,000万円 \times \frac{3.3億円（0円+3.3億円）}{4億円（7,000万円+3.3億円）} = 1,650万円$$

QA45 不動産会社（適格請求書発行事業者）の賃貸マンションの売却③

Q

　3月決算法人である不動産会社（適格請求書発行事業者）が，事業会社（適格請求書発行事業者）から，X1年4月1日（X1年度）に次の賃貸マンションを取得し，1年10月1日に民泊（課税売上高）に転用，X2年10月1日（X2年度）に売却しました。売却時の，建物に係る消費税の取扱いについて教えてください。

（取得）

土地　　　　　　：3億円

建物（税抜）　　：2億円

建物に係る消費　：2,000万円

（運用期間）

居住用賃料（転用前：X1.4.1〜X1.9.30）：1,250万円

民泊売上高（転用後：X1.10.1〜X2.9.30）：5,000万円（税抜）

（売却）

土地　　　　　　：4億円

建物（税抜）　　：2.5億円

建物に係る消費税：2,500万円

A　建物の売却価格2.5億円は，課税売上高になります。また，取得時（X1

年度）に仕入税額控除の制限を受けた建物に係る消費税2,000万円のうち1,920万円を，X2年度の仕入控除税額に加算します。

解　説（Q18参照）

　建物の譲渡は，課税資産の譲渡等の対価の額に該当します。よって，建物の売却価格は課税売上高となります。

　ところで，「居住用賃貸建物の取得等に係る仕入税額控除の制限」の適用を受けた居住用賃貸建物について，その全部又は一部を調整期間に他の者に譲渡したときは，次の算式によって計算した金額（譲渡をした居住用賃貸建物に係る課税仕入れ等の税額に課税譲渡等割合を乗じて計算した金額に相当する消費税額）を，譲渡をした課税期間の仕入れに係る消費税額に加算します（消法35の2②）。

　本件賃貸マンションは，X1年10月1日に転用後，X2年10月1日に売却されているため，譲渡した場合の調整（消法35の2②）が適用されます。

$$加算する消費税額 = \begin{array}{c}居住用賃貸建物の\\課税仕入れ等に係る\\消費税額\end{array} \times \frac{\begin{array}{c}Bのうち課税賃貸用に供した\\ものに係る金額＋Cの金額\end{array}}{\begin{array}{c}課税譲渡等調整期間に行った\\居住用賃貸建物の貸付けの\\対価の額の合計額（B）＋居住用\\賃貸建物の譲渡の対価の額（C）\end{array}}$$

出所：「消費税法改正のお知らせ（令和2年4月国税庁）」を基に著者作成

　本件は，X1年度に取得した建物に係る消費税2,000万円について，仕入税額控除が制限されます。ただし，調整期間内の売却であるため，仕入税額控除が制限された2,000万円のうち1,920万円を，譲渡した日の属する課税期間であるX2年度の仕入控除税額に加算します。

　なお，課税事業者について適格請求書発行事業者の登録がない場合，買

主が建物に係る消費税について仕入税額控除ができない（一定期間，経過措置あり）ため，インボイス制度導入後において，課税事業者については適格請求書発行事業者の登録をすべきであると考えられます。

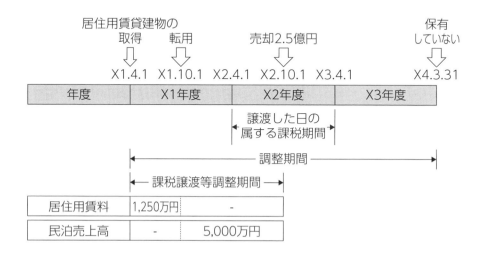

$$加算する消費税額 = 2{,}000万円 \times \frac{300{,}000千円 \ (50{,}000千円 + 250{,}000千円)}{312{,}500千円 \ (12{,}500千円 + 50{,}000千円 + 250{,}000千円)} = 1{,}920万円$$

QA46　事業会社（課税事業者）の店舗併用住宅の取得

Q

　事業会社（課税事業者）が，資産運用の一環で，X1年4月1日（X1年度）に5階建の店舗併用マンションを適格請求書発行事業者から取得しました。1階はコンビニエンスストア，2〜5階は単身者用のマンションとして賃貸されています。取得時の建物に係る消費税の取扱いについて教えてください。なお，店舗，住宅の面積比により按分することが，合理的な基準により区分されているものとします。

（概要）

土地　　　　　　：3億円

建物（税抜）　　：2億円

建物に係る消費税：2,000万円

（面積）

店舗　　　：100㎡

住宅　　　：400㎡

共用部（※）：50㎡

※店舗，住宅の面積により按分するものとします。

A　建物に係る消費税2,000万円のうち，400万円は取得日の属する課税期

間（X1年度）に仕入税額控除が適用され，1,600万円は仕入税額控除が制限されます。

解　説（Q19参照）

　インボイス制度導入後は，適格請求書発行事業者が交付する「適格請求書（インボイス）」等の保存が，仕入税額控除の要件となります。インボイスを交付できるのは，インボイス発行事業者（課税事業者）に限られます。よって，インボイス制度導入後，免税事業者や消費者から行った課税仕入れは，原則として仕入税額控除が適用されません。

　なお，令和２年度税制改正により，令和２年10月１日以後に行われる，居住用賃貸建物（高額特定資産又は調整対象自己建設高額資産に該当するものに限る）の課税仕入れ等の税額について，仕入税額控除が制限されることになりました（消法30⑩）。

　ところで，建物の一部が店舗・事務所など，住宅の貸付けの用に供しないことが明らかな部分を含んでいる場合，その構造及び設備の状況その他の状況により，「居住用賃貸建物以外」の部分と「居住用賃貸部分」とに合理的に区分しているときは，「居住用賃貸部分」に係る課税仕入れ等の税額についてのみ，仕入税額控除が制限されます（消令50の２①）。「合理的に区分している」とは，使用面積割合や使用面積に対する建設原価の割合など，その建物の実態に応じた合理的な基準により区分していることをいいます（消基通11-7-3）。

　本件では，建物に係る消費税2,000万円のうち，「居住用賃貸部分」である２〜５階の賃貸マンションに係る課税仕入れ等の税額について仕入税額控除が制限され，店舗に係る課税仕入れ等の税額については，取得した日の属する課税期間において仕入税額控除が適用されます。

　共用部を按分後の店舗，住宅それぞれの面積は次のとおりです。

店舗：$100\text{m}^2+50\text{m}^2\times\dfrac{100\text{m}^2}{500\text{m}^2\ (100\text{m}^2+400\text{m}^2)}=110\text{m}^2$

住宅：$400\text{m}^2+50\text{m}^2\times\dfrac{400\text{m}^2}{500\text{m}^2\ (100\text{m}^2+400\text{m}^2)}=440\text{m}^2$

　次のように，建物に係る消費税2,000万円のうち，店舗に係る400万円について，取得した日の属する課税期間（X1年度）に仕入税額控除が適用されます。

$$2{,}000\text{万円}\times\dfrac{110\text{m}^2}{550\text{m}^2\ (110\text{m}^2+440\text{m}^2)}=400\text{万円}$$

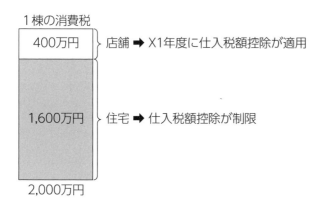

　なお，建物取得時において，売主が適格請求書発行事業者でない場合，建物に係る消費税について仕入税額控除が適用されないため（一定期間の経過措置あり），インボイス制度導入後は，取引先が適格請求書発行事業者の登録を受けているか否かの確認が必要です。

QA47　事業会社（課税事業者）の店舗併用住宅の転用

Q

　事業会社（課税事業者）が，Q46において，X1年4月1日（X1年度）に適格請求書発行事業者から取得した店舗併用マンションの2～5階（賃貸住宅部分）を，X3年10月1日（X3年度）に民泊（課税売上高）に転用した場合の，建物に係る消費税の取扱いについて教えてください。なお，X4年3月31日（X3年度）に，この物件を保有しています。

（概要）

建物に係る消費税	：2,000万円
店舗賃料（X1.4.1～X4.3.31）	：2,000万円（税抜）
居住用賃料（転用前：X1.4.1～X3.9.30）	：3,000万円
民泊売上高（転用後：X3.10.1～X4.3.31）	：1,000万円（税抜）

A　取得時（X1年度）に仕入税額控除が制限された建物に係る消費税1,600万円のうち，400万円をX4年3月期（X3年度）の仕入控除税額に加算します。

解　説　（Q20参照）

　Q46のとおり，建物に係る消費税2,000万円のうち，店舗に係る400万円はX1年度に仕入税額控除が適用されますが，賃貸マンションに係る1,600万円は仕入税額控除が制限されます。

ところで，「居住用賃貸建物の取得等に係る仕入税額控除の制限」の適用を受けた居住用賃貸建物について，次の条件を全て満たすときは，次の算式によって計算した金額（その居住用賃貸建物に係る課税仕入れ等の税額に課税賃貸割合を乗じて計算した金額に相当する消費税額）を，第3年度の課税期間の仕入れに係る消費税額に加算します（消法35の2①）。

（加算する消費税額）

$$加算する消費税額 = \begin{array}{c}居住用賃貸建物の\\課税仕入れ等に係る\\消費税額\end{array} \times \frac{\begin{array}{c}Aのうち課税賃貸用に\\供したものに係る金額\end{array}}{\begin{array}{c}調整期間に行った\\居住用賃貸建物の貸付けの\\対価の額の合計額（A）\end{array}}$$

出所：「消費税法改正のお知らせ（令和2年4月国税庁）」を基に著者作成

（条件）

① 　第3年度の課税期間の末日に当該居住用賃貸建物を有していること。

② 　当該居住用賃貸建物の全部又は一部を当該居住用賃貸建物の仕入れ等の日から第3年度の課税期間の末日までの間（以下，「調整期間」という）に別表第1第13号に掲げる住宅の貸付け以外の貸付けの用（以下，「課税賃貸用」という。）に供したとき。

本件では，建物に係る消費税2,000万円のうち，賃貸マンションに係る1,600万円について仕入税額控除が制限され，店舗に係る400万円については，X1年度に仕入税額控除が適用されます。また，調整期間内の転用であるため，X1年度に仕入税額控除の制限を受けた1,600万円のうち，400万円を，第3年度の課税期間であるX3年度の仕入控除税額に加算します。

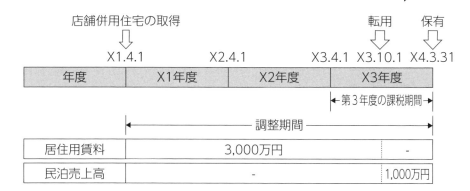

$$加算する消費税額=1,600万円×\frac{1,000万円}{4,000万円（3,000万円+1,000万円）}=400万円$$

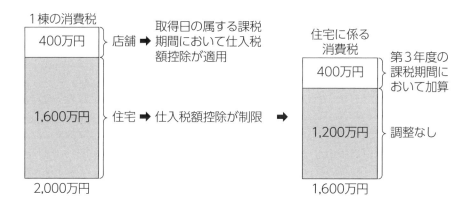

QA48　事業会社（適格請求書発行事業者）の店舗併用住宅の売却

Q

　事業会社（適格請求書発行事業者）が，Q46において，X1年4月1日（X1年度）に適格請求書発行事業者から取得した店舗併用マンションを，X3年10月1日（X3年度）に売却しました。建物に係る消費税の取扱いについて教えてください。

```
（取　得）
土地　　　　　　：3億円
建物（税抜）　　：2億円
建物に係る消費税：2,000万円
```

```
（運用期間）
店舗賃料（X1.4.1～X3.9.30）：1,750万円（税抜）
住宅賃料（X1.4.1～X3.9.30）：3,000万円
```

```
（売　却）
土地　　　　　　：3億円
建物（税抜）　　：2億円
建物に係る消費税：2,000万円
```

A　建物の売却価格2億円は，課税売上高に該当します。また，取得時（X1年度）に仕入税額控除の制限を受けた建物に係る消費税1,600万円のう

ち，1,347万円をX4年3月期（X3年度）の仕入控除税額に加算します。

解　説（Q21参照）───────────────────────

　建物の譲渡は，課税資産の譲渡等の対価の額に該当します。よって，建物の売却価格は課税売上高となります。

　ところで，「居住用賃貸建物の取得等に係る仕入税額控除の制限」の適用を受けた居住用賃貸建物について，その全部又は一部を調整期間に他の者に譲渡したときは，次の算式によって計算した金額（譲渡をした居住用賃貸建物に係る課税仕入れ等の税額に課税譲渡等割合を乗じて計算した金額に相当する消費税額）を，譲渡をした課税期間の仕入れに係る消費税額に加算します（消法35の2②）。

$$\text{加算する消費税額} = \text{居住用賃貸建物の課税仕入れ等に係る消費税額} \times \frac{\text{Bのうち課税賃貸用に供したものに係る金額} + \text{Cの金額}}{\substack{\text{課税譲渡等調整期間に行った}\\\text{居住用賃貸建物の貸付けの}\\\text{対価の額の合計額（B）+居住用}\\\text{賃貸建物の譲渡の対価の額（C）}}}$$

出所：「消費税法改正のお知らせ（令和2年4月国税庁）」を基に著者作成

　本件は，X1年度に取得した建物に係る消費税2,000万円のうち，賃貸マンションに係る1,600万円について，仕入税額控除が制限されます。ただし，調整期間内の売却であるため，仕入税額控除が制限された1,600万円のうち，1,347万円を譲渡した日の属する課税期間であるX3年度の仕入控除税額に加算します。

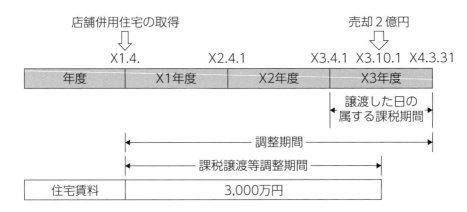

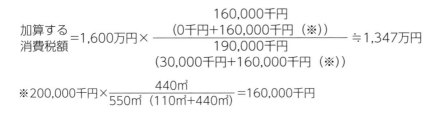

$$\begin{array}{l}\text{加算する}\\\text{消費税額}\end{array}=1,600万円\times \dfrac{\begin{array}{c}160,000千円\\(0千円+160,000千円（※）)\end{array}}{\begin{array}{c}190,000千円\\(30,000千円+160,000千円（※）)\end{array}}\fallingdotseq 1,347万円$$

$$※200,000千円\times \frac{440㎡}{550㎡ \ (110㎡+440㎡)}=160,000千円$$

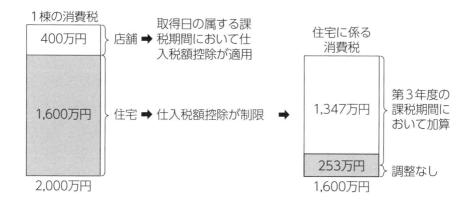

　なお，課税事業者について適格請求書発行事業者の登録がない場合，買主が建物に係る消費税について仕入税額控除ができない（一定期間，経過措置あり）ため，インボイス制度導入後において，課税事業者については適格請求書発行事業者の登録をすべきであると考えられます。

142

◆**整理⑥**◆課税事業者の居住用賃貸建物の取得から売却まで

（1）居住用賃貸建物

事業者		取　　得			
		売主	建物	取得目的	仕　入 税額控除
課税事業者	宅建業者以外	適格請求書発行事業者	高額特定資産等以外	-	あり
			高額特定資産等		制限
		上記以外	-	-	なし
	宅建業者	適格請求書発行事業者	高額特定資産等以外	-	あり
			高額特定資産等		制限
		上記以外	高額特定資産等以外	棚卸資産	あり
				固定資産	なし
			高額特定資産等	棚卸資産	制限
				固定資産	なし

運用期間			売却		
賃料	転用の調整		建物	売却の調整	
	調整期間	調整期間後		調整期間	調整期間後
非課税	なし		納付	なし	
	あり	なし		あり	なし
	なし			なし	
	なし			なし	
	あり	なし		あり	なし
	なし			なし	
	あり	なし		あり	なし
	なし			なし	

（2）居住用賃貸建物（店舗等を含む）

事業者		取得			仕入税額控除	
		売主	建物	取得目的	住宅	非住宅
課税事業者	宅建業者以外	適格請求書発行事業者	高額特定資産等以外	-	あり	
			高額特定資産等		制限	あり
		上記以外	-	-	なし	
	宅建業者	適格請求書発行事業者	高額特定資産等以外	-	あり	
			高額特定資産等		制限	あり
		上記以外	高額特定資産等以外	棚卸資産	あり	
				固定資産	なし	
			高額特定資産等	棚卸資産	制限	あり
				固定資産	なし	

運用期間				売却		
賃料		転用の調整		建物	売却の調整	
住宅	非住宅	調整期間	調整期間後		調整期間	調整期間後
非課税	課税	なし	なし	納付	なし	なし
		あり	なし		あり	なし
		なし	なし		なし	なし
		なし	なし		なし	なし
		あり	なし		あり	なし
		なし	なし		なし	なし
		あり	なし		あり	なし
		なし	なし		なし	なし

QA49　資本的支出

Q

　事業会社（課税事業者）が保有する事務所について，次の大規模修繕を実施しました。工事費用に係る消費税の取扱いについて教えてください。なお，全額資本的支出に該当するものとします。

> （ケース１）
>
> 工事金額：300万円（税抜）
>
> 工事業者：一人親方である個人事業主（免税事業者）

> （ケース２）
>
> 工事金額：2,000万円（税抜）
>
> 工事業者：工務店（適格請求書発行事業者）

A

（ケース１）

　仕入税額控除は適用されません。ただし，一定期間，仕入税額相当額の一定割合を仕入税額として控除できる経過措置が設けられています。

（ケース２）

　仕入税額控除が適用されます。

解　説（Q22参照）

　インボイス制度導入後は，適格請求書発行事業者が交付する「適格請求

書（インボイス）」等の保存が，仕入税額控除の要件となります。インボイスを交付できるのは，インボイス発行事業者（課税事業者）に限られます。よって，インボイス制度導入後，免税事業者や消費者から行った課税仕入れは，原則として仕入税額控除が適用されません。

ただし，区分記載請求書等と同様の事項が記載された請求書等及びこの経過措置の規定の適用を受ける旨を記載した帳簿を保存している場合，次の期間において，仕入税額相当額の一定割合を仕入税額として控除できる経過措置が設けられています。

（1）令和5年10月1日〜令和8年9月30日まで
　　仕入税額相当額の80％
（2）令和8年10月1日〜令和11年9月30日まで
　　仕入税額相当額の50％

また，居住用賃貸建物に係る仕入税額控除の制限（消法30⑩）には，当該建物に係る資本的支出に係る課税仕入れ等の税額が含まれます。ただし，次のように，建物に係る資本的支出自体が居住用賃貸建物の課税仕入れ等に該当しない場合は，仕入税額控除の制限を受けません（消基通11-7-5）。

①　建物に係る資本的支出自体が高額特定資産の仕入れ等を行った場合（消法12の4①）に該当しない場合
②　建物に係る資本的支出自体が住宅の貸付けの用に供しないことが明らかな建物に係る課税仕入れ等に該当する場合

（ケース1）
前記②に該当しますが，適格請求書発行事業者以外からの課税仕入れに

該当するため，工事費用に係る消費税は仕入税額控除が適用されません。ただし，令和5年10月1日〜令和8年9月30日まで仕入税額相当額の80％，令和8年10月1日〜令和11年9月30日まで仕入税額相当額の50％を仕入税額として控除できる経過措置が設けられています。

（ケース2）

　前記②に該当し，かつ，適格請求書発行事業者からの課税仕入れに該当するため，工事費用に係る消費税は仕入税額控除が適用されます。

QA50　賃貸マンションの資本的支出

Q

　不動産会社（課税事業者）が賃貸マンションについて，次の大規模修繕を実施しました。工事費用に係る消費税の取扱いについて教えてください。なお，工事業者は適格請求書発行事業者に該当します。

（ケース1）

建物取得価格：1億円

資本的支出　：1,500万円（税抜），消費税150万円

修繕費　　　：500万円（税抜），消費税50万円

※課税売上高3億円，課税売上割合97%

（ケース2）

建物取得価格：600万円

資本的支出　：200万円（税抜），消費税20万円

修繕費　　　：100万円（税抜），消費税10万円

※課税売上高3億円，課税売上割合97%

（ケース3）

建物取得価格：600万円

資本的支出　：200万円（税抜），消費税20万円

修繕費　　　：100万円（税抜），消費税10万円

※課税売上高7億円，課税売上割合97%

A

（ケース１）

資本的支出1,500万円：仕入税額控除が制限されます。

修繕費500万円：仕入税額控除が適用されます。

（ケース２）

資本的支出200万円：仕入税額控除が適用されます。

修繕費100万円：仕入税額控除が適用されます。

（ケース３）

個別対応方式を選択　　：仕入税額控除がされません。

一括比例配分方式を選択：仕入税額控除が適用されます。

解　説（Q23参照）

　居住用賃貸建物に係る仕入税額控除の制限（消法30⑩）には，当該建物に係る資本的支出に係る課税仕入れ等の税額が含まれます。ただし，次のように，建物に係る資本的支出自体が居住用賃貸建物の課税仕入れ等に該当しない場合は，仕入税額控除の制限を受けません（消基通11-7-5）。

（１）建物に係る資本的支出自体が高額特定資産の仕入れ等を行った場合（消法12の4①）に該当しない場合
（２）建物に係る資本的支出自体が住宅の貸付けの用に供しないことが明らかな建物に係る課税仕入れ等に該当する場合

（ケース１）

資本的支出1,500万円は，居住用賃貸建物に係る資本的支出であり，かつ，

高額特定資産の仕入れ等を行った場合に該当するため，工事費用に係る消費税は仕入税額控除の制限を受けます。

修繕費500万円については，仕入税額控除が適用されます。

なお，「課税売上高5億円以下」，かつ，「課税売上割合95％以上」であるため，課税期間中の課税売上げに係る消費税額から，その課税期間中の課税仕入れ等に係る消費税額の全額を控除します。

（ケース2）

資本的支出200万円は，居住用賃貸建物に係る資本的支出ですが，高額特定資産の仕入れ等を行った場合に該当しないため（1,000万円＞600万円＋200万円），工事費用に係る消費税は仕入税額控除が適用されます。

修繕費100万円については，仕入税額控除が適用されます。

なお，「課税売上高5億円以下」，かつ，「課税売上割合95％以上」であるため，課税期間中の課税売上げに係る消費税額から，その課税期間中の課税仕入れ等に係る消費税額の全額を控除します。

（ケース3）

ケース2と異なり，「課税売上高5億円以下」，かつ，「課税売上割合95％以上」に該当しないため，個別対応方式又は一括比例配分方式を選択します。

個別対応方式を選択した場合，資本的支出200万円及び修繕費100万円は，「非課税資産の譲渡等に対応する課税仕入れ（以下，「非課税対応」という）」に該当するため，仕入税額控除がされません。

一括比例配分方式を選択した場合，資本的支出200万円に係る消費税20万円及び修繕費100万円に係る消費税10万円について，課税売上割合97％を乗じた291,000円が仕入控除税額となります。

　資本的支出及び修繕費について，インボイス制度導入後は，取引先が適格請求書発行事業者の登録を受けているか否かの確認が必要です。

QA51　個人事業主（免税事業者）の事務所の賃貸

Q

　　個人事業主C（免税事業者）は，貸しビル業を営んでいます。年間賃料880万円（税込），満室稼働，経費率25％（220万円（税込）），テナントは個人事業主と法人が半々です。Cは，これまで課税売上高が1,000万円を超えたことがありません。次のケースについて，Cは適格請求書発行事業者を選択すべきでしょうか？なお，今後5年間は大規模修繕や建物の新規取得の予定はありません。

（ケース1）

全テナントが免税事業者である場合。

（ケース2）

全テナントが課税事業者（原則課税）である場合。

（ケース3）

課税事業者（原則課税）からの賃料収入440万円（税込），免税事業者からの賃料収入440万円（税込）である場合。

A

（ケース1）

　適格請求書発行事業者を選択せず，免税事業者を選択した方が有利であると考えられます。

154

（ケース2）

　個人事業主Cが適格請求書発行事業者の登録を行い，原則課税と簡易課税を選択したケースについて検証します。

　なお，一定の期間については，Cが適格請求書発行事業者の登録を行い，2割特例（令和5年度税制改正大綱）を適用した場合と，免税事業者を選択し，テナントが経過措置を適用（80％又は50％）した場合について検証します。

　全テナントが課税事業者である場合，Cが2割特例を適用できる期間は，2割特例を選択すべきであると考えられます。2割特例の適用の要件を満たさない場合，経過措置80％までは免税事業者，経過措置50％以降は適格請求書発行事業者を選択することが考えられます。また，経費率が40％を超えない場合や，大規模修繕や建物の新規取得を予定していない場合，簡易課税の選択を検討することが考えられます。

（ケース3）

　ケース2と同様の検証を行います。課税事業者と免税事業者のテナントが混在する場合，構成割合によっては，2割特例を適用せずに，免税事業者を選択することも検討の余地があります。

解　説

　インボイス制度導入後は，適格請求書発行事業者が交付する「適格請求書（インボイス）」等の保存が，仕入税額控除の要件となります。インボイスを交付できるのは，インボイス発行事業者（課税事業者）に限られます。よって，インボイス制度導入後，免税事業者や消費者から行った課税仕入れは，原則として仕入税額控除が適用されません。

　ただし，区分記載請求書等と同様の事項が記載された請求書等及びこの

経過措置の規定の適用を受ける旨を記載した帳簿を保存している場合，次の期間において，仕入税額相当額の一定割合を仕入税額として控除できる経過措置が設けられています。

（1）令和5年10月1日～令和8年9月30日まで
　　　仕入税額相当額の80％
（2）令和8年10月1日～令和11年9月30日まで
　　　仕入税額相当額の50％

　また，令和5年度税制改正大綱（令和4年12月16日）にて，令和5年10月1日から令和8年9月30日の属する各課税期間において，免税事業者が適格請求書発行事業者として課税事業者になる場合，納付税額を課税標準額に対する消費税額の2割とする緩和措置（小規模事業者に係る税額控除に関する経過措置（以下，「2割特例」という））が講じられることとなりました。

【対象期間】
　令和5年10月1日に適格請求書発行事業者として登録した場合の対象期間，適用対象者は次のとおりです。
・個人事業者
　令和5年申告（対象期間：令和5年10月～12月）
　令和6年申告（対象期間：令和6年1月～12月）
　令和7年申告（対象期間：令和7年1月～12月）
　令和8年申告（対象期間：令和8年1月～12月）

・法人（3月決算）

　令和6年3月期申告（対象期間：令和5年10月～令和6年3月）

　令和7年3月期申告（対象期間：令和6年4月～令和7年3月）

　令和8年3月期申告（対象期間：令和7年4月～令和8年3月）

　令和9年3月期申告（対象期間：令和8年4月～令和9年3月）

【適用対象】

・免税事業者が適格請求書発行事業者の登録を受けて課税事業者となる場合

・課税事業者選択届出書を提出し，適格請求書発行事業者の登録を受ける場合（令和5年10月1日以降に課税事業者となる場合）

【適用対象外】

・課税期間の特例の適用を受ける課税期間

・基準期間の課税売上高が1,000万円を超える場合

・資本金1,000万円以上の新設法人

・調整対象固定資産や高額特定資産の取得等により，インボイス制度と関係なく課税事業者となる場合

・令和5年10月1日前から課税事業者選択届出書の提出により引き続き事業者免税点制度の適用を受けられないこととなる同日の属する課税期間（※）。

　※例えば，個人事業者が令和4年11月に課税事業者選択届出書と適格請求書発行事業者の登録申請を行い，令和5年1月1日から課税事業者となる場合，令和5年10月～12月の期間について，特例の適用を受けることができません。この場合，救済措置として，令和5年4月1日から同年12月31日までに課税事業者選択不適用届出書を提出することによって，令和5年1

月〜9月の期間が免税事業者，同年10月以降は適格請求書発行事業者とし
て2割特例を適用することができます。

【納付税額】
　納付税額は，次のとおり，課税標準額に対する消費税額の2割となりま
す。

（計算式）
納付税額＝課税標準額に対する消費税額−課税標準額に対する消費税額×80%

　2割特例においては，簡易課税制度における事業に応じた区分が不要で
す。なお，事業区分が第1種事業（みなし仕入率90%）の場合，簡易課税
を選択した方が有利となります。

（ケース1）
　賃貸人及びテナントは，ともに免税事業者であることから，消費税の処
理はありません。賃貸人は，賃料に係る消費税80万円が「益税」となりま
す。ただし，管理費等の賃貸に係る課税仕入れについて，仕入税額控除の
適用はありません。
　免税事業者同士による，居住用賃貸建物以外の建物の賃貸借については，
インボイス制度導入後においても影響はないと考えられます。

（ケース2）
　インボイス制度導入後，免税事業者からの課税仕入れは仕入税額控除が
適用されません。賃貸人は，賃料に係る消費税が「益税」となりますが，
テナントが仕入税額控除を受けられないことによる負担相当額について，

158

テナントから賃料減額交渉を受ける可能性や，賃貸借契約の解約が懸念されます。また，空室になったとき，競合物件と比較して，リーシングの競争力が落ちることが懸念されます。以下，適格請求書発行事業者を選択すべきか否か，検証してみます。

1．テナントが免税事業者との取引を継続しないため，賃貸人が適格請求書発行事業者を選択する場合

　　原則課税と簡易課税の有利判定を行います。

　※シンプルに理解するため，国税及び地方消費税をまとめて計算しています（以下同様）。

（1）原則課税

①売上税額：800,000円（8,800,000×10/110）

②仕入税額：200,000円（2,200,000×10/110）

③納付税額：600,000円（①－②）

（2）簡易課税

①売上税額：800,000円（8,800,000×10/110）

②仕入税額：320,000円（①×40％※）

③納付税額：480,000円（①－②）

※不動産賃貸業（みなし仕入率40％）

（3）2割特例

①売上税額：800,000円（8,800,000×10/110）

②仕入税額：640,000円（①×80％）

③納付税額：160,000円（①－②）

　以上のとおり，不動産賃貸業の場合，簡易課税よりも２割特例の方が有利となります。また，経費率が40％を超えない場合，原則課税よりも簡易課税を選択した方が有利となります。よって，２割特例を適用できる期間は２割特例，適用できない期間は簡易課税を選択した方が有利となります。ただし，簡易課税は消費税の還付がないため，大規模修繕や建物の新規取得を予定しているときは注意が必要です。

２．テナントが免税事業者との取引を継続するため，賃貸人が免税事業者を選択する場合

　テナントが，賃料に係る消費税について，仕入税額控除が適用されないことによる影響を検証します。

（１）経過措置80％の期間

テナントは，仕入控除税額が16万円少なくなります。

800,000円－800,000円×80％＝160,000円

　よって，賃料について，313,725円/年（税抜）程度の減額交渉を受ける可能性が想定されます。

　　①年間賃料（税込）　　：8,454,902円
　　②年間賃料（税抜）　　：7,686,275円
　　③消費税　　　　　　　：768,627円（②×10％）
　　④仕入控除税額　　　　：614,902円（③×80％）
　　⑤年間賃料差額（税抜）：313,725円（8,000,000円－②）
　　⑥消費税差額　　　　　：153,725円（③－④）

⑦検証　　　　　　　　：160,000円（⑤－⑥）

（2）経過措置50％の期間
テナントは，仕入控除税額が40万円少なくなります。

800,000円－800,000円×50％＝400,000円

　よって，賃料について，761,905円/年（税抜）程度の減額交渉を受ける可能性が想定されます。

　①年間賃料（税込）　　：7,961,905円

　②年間賃料（税抜）　　：7,238,095円

　③消費税　　　　　　　：723,810円（②×10％）

　④仕入控除税額　　　　：361,905円（③×50％）

　⑤年間賃料差額（税抜）：761,905円（8,000,000円－②）

　⑥消費税差額　　　　　：361,905円（③－④）

　⑦検証　　　　　　　　：400,000円（⑤－⑥）

（3）比較検証

　①原則課税　　　：600,000円（納付税額）

　②簡易課税　　　：480,000円（納付税額）

　③2割特例　　　：160,000円（納付税額）

　④経過措置80％：313,725円（減額賃料）

　⑤経過措置50％：761,905円（減額賃料）

以上より，全テナントが課税事業者である場合，賃貸人である個人事業

主Cが2割特例を適用できる期間は，2割特例を選択すべきであると考えられます。2割特例の適用の要件を満たさない場合，経過措置80％までは免税事業者，経過措置50％以降は適格請求書発行事業者を選択することが考えられます。また，経費率が40％を超えない場合や，大規模修繕や建物の新規取得を予定していない場合，簡易課税の選択を検討することが考えられます。

（ケース3）
　課税事業者と免税事業者のテナントが混在している場合，それぞれに対する売上を計算して検証します。

1．テナントが免税事業者との取引を継続しないため，賃貸人が適格請求書発行事業者を選択する場合
　ケース2と同様に，原則課税と簡易課税の有利判定を行います。

（1）原則課税
①売上税額：800,000円（8,800,000×10/110）
②仕入税額：200,000円（2,200,000×10/110）
③納付税額：600,000円（①－②）

（2）簡易課税
①売上税額：800,000円（8,800,000×10/110）
②仕入税額：320,000円（①×40％※）
③納付税額：480,000円（①－②）
※不動産賃貸業（みなし仕入率40％）

162

（3）2割特例
①売上税額：800,000円（8,800,000×10/110）
②仕入税額：640,000円（①×80％）
③納付税額：160,000円（①-②）

　以上のとおり，不動産賃貸業の場合，簡易課税よりも2割特例の方が有利となります。また，経費率が40％を超えない場合，原則課税よりも簡易課税を選択した方が有利となります。よって，2割特例を適用できる期間は2割特例，適用できない期間は簡易課税を選択した方が有利となります。ただし，簡易課税は消費税の還付がないため，大規模修繕や建物の新規取得を予定しているときは注意が必要です。

2．テナントが免税事業者との取引を継続するため，賃貸人が免税事業者を選択する場合
　課税事業者であるテナントが，賃料に係る消費税について，仕入税額控除が適用されないことによる影響を検証します。

（1）経過措置80％の期間
テナントは，仕入控除税額が8万円少なくなります。

400,000円-400,000円×80％＝80,000円

　よって，賃料について，156,863円（税抜）程度の減額交渉を受ける可能性が想定されます。

①年間賃料（税込）　　：4,227,451円

②年間賃料（税抜）　：3,843,137円

③消費税　　　　　　：384,314円（②×10％）

④仕入控除税額　　　：307,451円（③×80％）

⑤年間賃料差額（税抜）：156,863円（4,000,000円－②）

⑥消費税差額　　　　：76,863円（③－④）

⑦検証　　　　　　　：80,000円（⑤－⑥）

（2）経過措置50％の期間

テナントは，仕入控除税額が20万円少なくなります。

400,000円－400,000円×50％＝200,000円

　よって，賃料について，380,953円（税抜）程度の減額交渉を受ける可能性が想定されます。

①年間賃料（税込）　：3,980,952円

②年間賃料（税抜）　：3,619,047円

③消費税　　　　　　：361,905円（②×10％）

④仕入控除税額　　　：180,952円（③×50％）

⑤年間賃料差額（税抜）：380,953円（4,000,000円－②）

⑥消費税差額　　　　：180,953円（③－④）

⑦検証　　　　　　　：200,000円（⑤－⑥）

（3）比較検証

①原則課税　　　：600,000円（納付税額）

②簡易課税　　　：480,000円（納付税額）

③２割特例　　　：160,000円（納付税額）
④経過措置80％：156,863円（減額賃料）
⑤経過措置50％：380,953円（減額賃料）

　以上より，課税事業者と免税事業者のテナントが混在する場合，免税事業者の割合によっては，経過措置80％の期間については，２割特例を適用せずに，免税事業者を選択することも検討の余地があります。

QA52　法人による旅館業の運営①

Q

　　個人Dは，X1年4月1日に法人E（3月決算）を設立し，X1年度に土地を購入，X2年度に旅館を建築して運営しています。主な利用客は観光客（個人消費者）です。法人Eは，X1年度は免税事業者でしたが，建築費に係る消費税の還付を受けるため，X2年度より課税事業者を選択しています。

　　新築当初，売上は安定的に推移していましたが，経済情勢の悪化により，X4年度は売上が低迷することになりました。なお，営業開始から課税売上高が1,000万円を超えたことがないこともあり，X5年度から免税事業者を選択しています。その後，X6年度から，宿泊需要が回復基調となり，X7年度に2棟目の取得を予定しています。2棟合計の課税売上高は3,000万円程度で安定的に推移する見込みです。法人Eについて，2棟目の取得にあたり，消費税について留意すべき事項を教えてください。

A　X6年度中に課税事業者選択届出書の提出若しくは，適格請求書発行事業者の登録を行い，X7年度に2棟目の建物に係る消費税の還付を受けるべきであると考えられます。

解説

　　法人Eの運営する旅館は，主として個人消費者を対象としているため，建物の取得や大規模修繕等を予定していない場合，免税事業者を選択した方が有利であると考えられます。

　法人Eは，1棟目の建物に係る消費税の還付を受けるため，X1年度に課税事業者選択届出書を提出し，X2年度から課税事業者となっているため，「高額特定資産を取得した場合等の納税義務の免除の特例（消法12の4）」により，免税事業者に戻れるのはX5年度以降となり，X5〜X6年度は免税事業者を選択しているという背景があります。

　法人Eは，X7年度に2棟目の取得を予定しているため，2棟目の建物に係る消費税の還付を受けるには，X6年度中に課税事業者選択届出書の提出若しくは適格請求書発行事業者の登録（課税事業者の選択）を行い，X7年度から課税事業者になる必要があります。なお，簡易課税を選択した場合，消費税の還付を受けることができません。また，建物に係る消費税の仕入税額控除には，建物の売主が適格請求書発行事業者であることが必要です。

QA53 法人による旅館業の運営②

Q

　Q52のケースにおいて，法人EはX7年度に2棟目を取得後，課税売上高は3,000万円で安定的に推移しております。課税仕入れは1,200万円です。法人Eが，2棟目の取得後，消費税について留意すべき点を教えてください。

A X9年度中に簡易課税制度選択届出書を提出し，X10年度から簡易課税を選択すべきと考えられます。

解　説

　旅館業はサービス業に該当し，みなし仕入率は50％となるため，課税仕入れが50％を超えない場合，原則課税よりも簡易課税が有利です。

（1）原則課税
①売上税額：3,000,000円（33,000,000×10/110）
②仕入税額：1,200,000円（13,200,000×10/110）
③納付税額：1,800,000円（①－②）

（2）簡易課税
①売上税額：3,000,000円（33,000,000×10/110）
②仕入税額：1,500,000円（①×50％※）
③納付税額：1,500,000円（①－②）
※第五種事業（みなし仕入率50％）

（3）比較

(1)1,800,000円＞(2)1,500,000円

よって，簡易課税の方が有利となります。ただし，X7年度に高額特定資産の仕入れ等を行っているため，高額特定資産の仕入れ等の日の属する課税期間（X7年度）の初日以後3年を経過する日の属する課税期間（X9年度）の初日の前日（X8年度）までの期間，簡易課税制度選択届出書の提出が制限されます（消法37）。

つまり，X7年〜X9年の3年間は，簡易課税制度を選択することができません。

よって，法人Eは，X9年度中に簡易課税制度選択届出書を提出し，X10年度から簡易課税を選択すべきと考えられます。

QA54　法人による旅館業の運営③

Q

　Q53のケースにおいて，法人Eは３棟目の取得を検討しております。３棟目取得後の課税売上高は6,000万円と見込まれています。法人Eが，３棟目取得にあたり消費税について留意すべき点を教えてください。

A　法人Eは，X10年〜X11年の２年間について簡易課税が適用されるため，３棟目の建物に係る消費税の還付を受けるため，３棟目の取得はX12年度以降にすべきです。

解　説

　法人Eは，X9年度に簡易課税選択届出書を提出しているため，X10年度及びX11年度は簡易課税が適用され，消費税の還付を受けることができません。よって，３棟目に係る消費税の還付を受けるには，最短でも取得時期をX12年度とする必要があり，X11年度中に簡易課税制度選択不適用届出書を提出する必要があります。

不動産の取得	土地購入	建物竣工				

	課税事業者選択届出書 ⇩			課税事業者選択不適用届出書 ⇩		課税事業者選択届出書 ⇩
年度	X1年度	X2年度	X3年度	X4年度	X5年度	X6年度

課税/免税	免税事業者	課税事業者※			免税事業者	

原則/簡易	-	原則			免税事業者	

課税売上高	0円	700万円	900万円	300万円	100万円	900万円

※高額特定資産を取得した場合等の納税義務の免除等の特例
※※高額特定資産の取得のため，簡易課税制度の適用制限

2棟目取得					3棟目取得

| | 簡易課税制
度選択届出
書 | | 簡易課税制
度選択不適
用届出書 | | |
| | ⇩ | | ⇩ | | |

X7年度	X8年度	X9年度	X10年度	X11年度	X12年度

| 課税事業者※ | | | | | |

原則※※			簡易		原則

| 3,000万円 | 3,000万円 | 3,000万円 | 3,000万円 | 3,000万円 | 6,000万円 |

QA55　新規に設立した法人（資産管理会社）による事務所の取得

Q

　IT企業の創業オーナーは，資産管理会社Ｆを設立し，事業会社（適格請求書発行事業者）から事務所（賃料6,000万円/年）を取得します。テナントは全て法人（適格請求書発行事業者）です。資産管理会社Ｆについて，取得時の建物に係る消費税について留意すべき事項を教えてください。

A　法人Ｆは，設立初年度から課税事業者を選択し，適格請求書発行事業者の登録を受け，原則課税を選択すべきです。

解　説

　売主である事業会社が適格請求書発行事業者であるため，資産管理会社Ｆが課税事業者であれば，建物に係る消費税は仕入税額控除が適用されます。また，全テナントが適格請求書発行事業者であるため，Ｆが適格請求書発行事業者でない場合，テナントは賃料に係る消費税について，仕入税額控除が適用されません。よって，Ｆは設立初年度から課税事業者を選択し，適格請求書発行事業者の登録を受け，建物に係る消費税の還付を受けるべきと考えられます。なお，簡易課税を選択した場合，建物に係る消費税の還付を受けることができません。

QA56 新規に設立した法人による賃貸マンションの取得

> **Q**
>
> 　個人Gは，法人Hを設立して，賃貸マンション（賃料2,000万円/年）を取得します。用途は全て住居であり，入居者は個人及び法人契約が混在しています。法人Hについて，取得時の建物に係る消費税について留意すべき事項を教えてください。

A 　売主が適格請求書発行事業者の登録を受けているか確認する必要があります。併せて，保有期間（３年以内に売却予定か否か）により，免税事業者と適格請求書発行事業者のいずれを選択すべきか検証する必要があります。

解 説

　インボイス制度導入後，免税事業者からの課税仕入れは仕入税額控除が適用されません。住宅の賃料は非課税であることから，売主が免税事業者であるケースが少なくありません。取得にあたり，売主が適格請求書発行事業者であるか否か確認する必要があります。

　また，居住用賃貸建物に係る消費税は，仕入税額控除が制限されますが，適格請求書発行事業者からの仕入れについては（適格請求書発行事業者以外からの仕入れについて一定期間の経過措置あり），調整期間中に売却すれば，取得時の建物に係る消費税のうち一定額が，売却した日の属する課税期間において，仕入控除税額に加算されます。よって，短期間で転売を予定している場合，適格請求書発行事業者を選択する余地があります。ただし，免税事業者から免税事業者への売却では，建物に係る消費税が益税

となることから，適格請求書発行事業者を選択せずに，免税事業者を選択した方が有利となるケースが一般的と考えられます。

QA57　新規に設立した法人（SPC）による住宅ポートフォリオの取得①

Q

　不動産ファンドがSPC（特定目的会社）を新設し，賃貸住宅20棟100億円のポートフォリオを取得します。このSPCは，免税事業者と適格請求書発行事業者のいずれを選択すべきでしょうか？併せて，取得時の建物に係る消費税について留意すべき事項を教えてください。なお，課税売上高は1,000万円を超えないものとします。

A　免税事業者を選択した方が有利となるケースが一般的と考えられます。

解　説

　免税事業者を選択した場合，適格請求書発行事業者を選択した場合の消費税の取扱いはそれぞれ次のとおりです。

【免税事業者を選択した場合】

取　　得：建物に係る消費税は仕入税額控除の適用がありません。

運用期間：賃料は非課税。消費税の納税義務はありません。

売　　却：建物に係る消費税は益税となりますが，仲介手数料等の売却に係る課税仕入れについて，仕入税額控除の適用はありません。また，買主が免税事業者でない場合，値下げ交渉や流動性のリスクがあります。

【適格請求書発行事業者を選択した場合】

取　　　得：建物に係る消費税は仕入税額控除が制限されます。なお，売主が免税事業者の場合，仕入税額控除が適用されませんが，一定期間，経過措置があります。

運用期間：賃料は非課税。消費税の納税義務があります。

売　　　却：建物に係る消費税を納付します。なお，調整期間中に売却した場合，取得時の建物に係る消費税のうち一定額が仕入控除税額に加算されます。

　以上より，取得から売却までを総合的に勘案すると，免税事業者を選択した方が有利となるケースが一般的と考えられます。特に，賃貸住宅のポートフォリオの場合，不動産ファンドのSPC（免税事業者）へポートフォリオで売却することが想定されます。ただし，物件を個別で売却する場合，消費税への影響を考慮すると，売却の難易度が高まります。

　なお，長期間保有する場合や，売主が適格請求書発行事業者以外であるときは，適格請求書発行事業者を選択するメリットは少ないと考えられます。

QA58 新規に設立した法人（SPC）による住宅ポートフォリオの取得②

Q

Q57のケースで，SPCは免税事業者を選択しました。このSPCは，住宅の賃料以外に，駐車場収入800万円/年，原状回復費用1,000万円/年が見込まれています。消費税の留意点について教えてください。

A 原状回復費用のテナント負担分が200万円/年を超える場合，売却時の建物に係る消費税を考慮すると，2期目までに売却すべきと考えられます。

解 説

原状回復費用のテナント負担分は課税売上高となるため，テナント負担分が200万円を超える場合，初年度の課税売上高が1,000万円を超えるため，SPCは3年目から課税事業者となります。よって，売却時の建物に係る消費税を考慮すると，免税事業者である2期目までに売却すべきであると考えられます。

QA59　不動産会社の消費者からの仕入れ①

Q

　不動産会社Ⅰ（適格請求書発行事業者）は，個人（消費者）より不動産を仕入れ，転売する事業（「棚卸資産」として取得）を営んでいます。次のケースについて，建物に係る消費税の取扱いについて教えてください。なお，経過措置については考慮外とします。

（ケース１）
店舗を取得する場合。

（ケース２）
ワンルームマンションを取得する場合。

A

（ケース１）
仕入税額控除が適用されます。

（ケース２）
　建物が1,000万円（税抜）未満の場合，仕入税額控除が適用されますが，1,000万円（税抜）を超える場合，仕入税額控除が制限されます。

解　説

　インボイス制度導入後は，適格請求書発行事業者が交付する「適格請求書（インボイス）」等の保存が，仕入税額控除の要件となります。インボ

イスを交付できるのは，インボイス発行事業者（課税事業者）に限られます。よって，インボイス制度導入後，免税事業者や消費者から行った課税仕入れは，原則として仕入税額控除が適用されません。

　なお，宅地建物取引業を営む事業者が適格請求書発行事業者でない者から建物を当該事業者の棚卸資産として取得する取引の場合，帳簿のみの保存で仕入税額控除が認められます（新消法30⑦，新消令49①一ハ（3））。

　また，令和2年度税制改正により，令和2年10月1日以後に行われる，居住用賃貸建物（高額特定資産又は調整対象自己建設高額資産に該当するものに限る）の課税仕入れ等の税額について，仕入税額控除が制限されることになりました（消法30⑩）。

（ケース1）

　不動産会社が店舗（居住用賃貸建物以外の建物）を棚卸資産として消費者から取得する場合，帳簿のみの保存で仕入税額控除が適用されます。

（ケース2）

　不動産会社がワンルームマンション（居住用賃貸建物）を棚卸資産として消費者から取得する場合，建物が1,000万円（税抜）未満の場合，仕入税額控除が適用されますが，1,000万円（税抜）を超える場合，仕入税額控除が制限されます。

QA60　不動産会社の消費者からの仕入れ②

> **Q**
>
> 　不動産会社Ｊ（適格請求書発行事業者）は，長期保有目的（「固定資産」として）で，個人（免税事業者）から事務所（賃料500万円/年）を取得します。建物に係る消費税の取扱いについて教えてください。なお，経過措置については考慮外とします。

A　仕入税額控除の適用はありません。

解　説

　インボイス制度導入後は，適格請求書発行事業者が交付する「適格請求書（インボイス）」等の保存が，仕入税額控除の要件となります。インボイスを交付できるのは，インボイス発行事業者（課税事業者）に限られます。よって，インボイス制度導入後，免税事業者や消費者から行った課税仕入れは，原則として仕入税額控除が適用されません。

　ただし，宅地建物取引業を営む事業者が適格請求書発行事業者でない者から建物を当該事業者の棚卸資産として取得する取引の場合，帳簿のみの保存で仕入税額控除が認められます（新消法30⑦，新消令49①一ハ（3））。

　本件は，不動産会社による取得ですが，免税事業者から固定資産として取得するため，仕入税額控除の適用はありません。

QA61　個人から共有持分を一括取得する場合

Q

　個人K（適格請求書発行事業者）及び個人L（消費者）は，相続により店舗併用住宅の共有持分を50％ずつ相続しました。納税資金の確保のため，取得費加算が可能な3年以内に売却を検討しています。次のケースについて，売主及び買主の建物に係る消費税の取扱いについて教えてください。なお，個人K及び個人Lの持分を一括で取得するものとし，対象物件は，高額特定資産等に該当するものとします。また経過措置については考慮外とします。

（ケース1）
買主が個人（消費者）である場合。

（ケース2）
買主が事業法人（適格請求書発行事業者）である場合。

（ケース3）
買主が不動産会社（適格請求書発行事業者）である場合。

A

（ケース1）

個人K：建物の売却価格は課税売上高になります。

個人L：消費税の処理はありません。

買主　：消費税の処理はありません。

（ケース２）

個人Ｋ：建物の売却価格は課税売上高になります。

個人Ｌ：消費税の処理はありません。

買主　：個人Ｋから取得した持分は，店舗に係る消費税については仕入税額控除が適用されますが，住宅に係る消費税については，仕入税額控除が制限されます。個人Ｌから取得した持分は，仕入税額控除が適用されません。

（ケース３）

個人Ｋ：建物の売却価格は課税売上高になります。

個人Ｌ：消費税の処理はありません。

買主　：（棚卸資産として取得する場合）

店舗に係る消費税については仕入税額控除が適用されますが，住宅に係る消費税については，仕入税額控除が制限されます。

（固定資産として取得する場合）

個人Ｋから取得した持分は，店舗に係る消費税については仕入税額控除が適用されますが，住宅に係る消費税については，仕入税額控除が制限されます。個人Ｌから取得した持分は，仕入税額控除が適用されません。

解　説

　共有持分を一括で取得する場合，売主の消費税の区分に留意する必要があります。また，住宅について高額特定資産等に該当するか否かにより，仕入税額控除の適否が異なります。

QA62　個人間のマイホームの売買

Q

　　個人M（消費者）は，不動産会社N（適格請求書発行事業者）の仲介で，個人O（消費者）からマイホーム（マンション）を取得します。個人M，不動産会社N，個人Oについて，取引に係る消費税の取扱いを教えてください。

A

　個人M　　　：消費税の処理はありません。

　不動産会社N：仲介手数料が課税売上高となります。

　個人O　　　：消費税の処理はありません。

解 説

　消費者間による，マイホームの売買については，インボイス制度導入後においても影響はないと考えられます。

QA63　借地権の売買

Q

　事業会社Ｐ（適格請求書発行事業者）は，個人Ｑ（消費者）が相続で取得した借地権付建物を取得し，建物を取り壊し，事務所ビルを建築する予定です（地主から建て替えの承諾を得ています）。借地上の建物は老朽化しており，建物価格は０円です。取引にあたり，事業会社Ｐが消費税について留意すべき点を教えてください。

A　借地権は非課税であり，建物価格が０円であることから，本件取引に消費税は発生しません。

解　説

　土地の譲渡（借地権を含む）は非課税取引に該当するため，借地権の売買価格に消費税は課税されません（消法６，消法別表第１一）。

　借地権の売買は，インボイス制度導入後においても影響はないと考えられます。ただし，借地権は，借地上の建物と一括で取引されることが一般的であるため，建物に係る消費税の仕入税額控除の適用については，売主の消費税の区分に留意する必要があります。

QA64　事務所のサブリース①

Q

　不動産会社R（適格請求書発行事業者）は，個人S（免税事業者）から事務所を月額50万円（税抜）で賃借し，エンドテナントに60万円（税抜）で転貸しています。インボイス制度導入後，不動産会社Rが消費税について留意すべき点を教えてください。なお，経過措置については考慮外とします。

A　個人Sが適格請求書発行事業者の登録を拒む場合，不動産会社Rの利益は圧縮されます。

解　説（Q65参照）

　個人Sが適格請求書発行事業者の登録を拒み，かつ，賃料減額に応じない場合，インボイス制度導入前後の不動産会社Rの消費税を考慮した利益（経過措置等は考慮外）は，単純計算すると次のとおり5万円のマイナスとなります。

（1）インボイス制度導入前
①利益　：60万円（賃料収入）－50万円（支払賃料）＝10万円
②消費税：6万円（仮受消費税等）－5万円（仮払消費税等）＝1万円

（2）インボイス制度導入後
①利益　：60万円（賃料収入）－50万円（支払賃料）＝10万円
②消費税：6万円（仮受消費税等）－0円（※）＝6万円

※仕入税額控除が適用されません。

（3）（1）②－（2）②＝▲5万円

　サブリース会社は，空室リスクを負うことにより，相場賃料よりも10%
〜20%程度低い賃料で賃借することが一般的です。
　賃料が非課税である住宅の場合，インボイス制度導入による影響はない
と考えられます。
　一方，事務所や店舗のサブリースでは，貸主が適格請求書発行事業者の
登録や賃料減額に応じない場合，賃料に係る消費税について仕入税額控除
が適用されないことにより，サブリース会社の利益が圧迫され，逆鞘に
なってしまう可能性がある点に留意する必要があります。

QA65　事務所のサブリース②

Q

　不動産会社R（適格請求書発行事業者）は，個人S（免税事業者）から事務所を月額50万円（税抜）で賃借し，エンドテナントに60万円（税抜）で転貸しています。インボイス制度導入後，不動産会社Rが消費税について留意すべき点を教えてください。なお，経過措置を考慮するものとします。

A　個人Sが適格請求書発行事業者の登録を拒む場合，不動産会社Rの利益は圧縮されます。ただし，経過措置期間は，利益の圧縮が緩和されます。

解　説　（Q64参照）

　個人Sが適格請求書発行事業者の登録を拒み，かつ，賃料減額に応じない場合，インボイス制度導入前後の不動産会社Rの消費税を考慮した利益は，単純計算すると次のとおり経過措置80％の期間で1万円のマイナス，経過措置50％の期間で2.5万円のマイナス，経過措置期間終了後は5万円のマイナスとなります。

（1）インボイス制度導入前
①利益　：60万円（賃料収入）－50万円（支払賃料）＝10万円
②消費税：6万円（仮受消費税等）－5万円（仮払消費税等）＝1万円

（2）インボイス制度導入後
【令和5年10月1日～令和8年9月30日（経過措置80％）】

①利益　：60万円（賃料収入）－50万円（支払賃料）＝10万円

②消費税：6万円（仮受消費税等）－4万円（※）＝2万円

　　　　※5万円×80%（経過措置）＝4万円

　　　　1万円（1）②－2万円＝▲1万円

【令和8年10月1日～令和11年9月30日（経過措置50%）】

①利益　：60万円（賃料収入）－50万円（支払賃料）＝10万円

②消費税：6万円（仮受消費税等）－2.5万円（※）＝3.5万円

　　　　※5万円×50%（経過措置）＝2.5万円

　　　　1万円（1）②－3.5万円＝▲2.5万円

【令和11年10月1日以降】

①利益　：60万円（賃料収入）－50万円（支払賃料）＝10万円

②消費税：6万円（仮受消費税等）－0円（※）＝6万円

　　　　※仕入税額控除が適用されません。

（3）（1）②－（2）②＝▲5万円

　サブリース会社は，空室リスクを負うことにより，相場賃料よりも10%
～20%程度低い賃料で賃借することが一般的です。

　賃料が非課税である住宅の場合，インボイス制度導入による影響はない
と考えられます。

　一方，事務所や店舗のサブリースでは，貸主が適格請求書発行事業者の
登録や賃料減額に応じない場合，賃料に係る消費税について仕入税額控除

が適用されないことにより，サブリース会社の利益が圧迫され，逆鞘になってしまう可能性がある点に留意する必要があります。

　なお，経過措置期間は，利益の圧縮が緩和されます。

1．免税事業者

消費税の納税義務が免除される事業者をいいます。

「その課税期間の基準期間における課税売上高が1,000万円以下の事業者」は，納税義務が免除されます（消法9）。（※）

※その課税期間の基準期間における課税売上高が1,000万円以下であっても特定期間における課税売上高が1,000万円を超えた場合は，その課税期間から課税事業者となります。なお，特定期間における1,000万円の判定は，課税売上高に代えて，給与等支払額の合計額により判定することもできます。

2．課税事業者

その課税期間の基準期間における課税売上高が1,000万円を超える事業者等をいいます。

3．個人事業者

事業を行う個人をいいます（消法2①三）。

4．基準期間

個人事業者については「その年の前々年」をいい，法人については，原則として，「その事業年度の前々事業年度」をいいます（消法2①十四）。

5．特定期間

個人事業者については，「その年の前年の1月1日から6月30日までの期間」をいい，法人については，原則として，その事業年度の前事業年度開始の日以後6か月の期間をいいます。

6．課税売上高

課税取引の売上金額と輸出取引などの免税売上金額の合計金額から，売上返品や売上値引き，売上割戻しなどの合計額を差し引いた残額をいいます（課税取引の売上金額及び売上返品等の金額の合計額には，消費税額と地方消費税額は含みません。）（消法9②）。

7．消費税課税事業者選択届出書

事業者が，基準期間における課税売上高が1,000万円以下である課税期間においても納税義務の免除の規定の適用を受けないこと，すなわち，課税事業者となることを選択しようとする場合に提出するものです。

8．課税資産の譲渡等

資産の譲渡等のうち，非課税（消法6①）の規定により消費税を課さないこととされるもの以外のものをいいます（消法2①九）。

9．新設法人

原則として，その事業年度の基準期間がない法人のうち，当該事業年

度開始の日における資本金の額又は出資の金額が1,000万円以上である法人をいいます（消法12の2）。

10. 簡易課税制度

基準期間における課税売上高が5,000万円以下の課税期間について，売上げに係る消費税額に，事業区分に応じて定められたみなし仕入率を乗じて算出した金額を仕入れに係る消費税額として，売上げに係る消費税額から控除する制度です（消法37）。

11. 消費税簡易課税制度選択届出書

事業者が，その基準期間における課税売上高が5,000万円以下である課税期間について，簡易課税制度を適用しようとする場合に提出するものです（法37①）。

12. 仕入税額控除

消費税の納付税額を計算するため，その課税期間中の課税売上げに係る消費税額からその課税期間中の課税仕入れ等に係る消費税額を控除することをいいます。

13. 個別対応方式

消費税の納付税額を計算するため，その課税期間中の課税仕入れ等に係る消費税額のすべてを，下記に区分し，次の算式により計算した仕入

194

控除税額を，その課税期間中の課税売上げに係る消費税額から控除する方法をいいます。

イ　課税売上げにのみ要する課税仕入れ等に係るもの
ロ　非課税売上げにのみ要する課税仕入れ等に係るもの
ハ　課税売上げと非課税売上げに共通して要する課税仕入れ等に係るもの

（算式）

仕入控除税額＝イ＋（ハ×課税売上割合）

（注）課税売上割合により計算した仕入控除税額がその事業者の事業の実態を反映していないなど，課税売上割合により仕入控除税額を計算するよりも，課税売上割合に準ずる割合によって計算する方が合理的である場合には，課税売上割合に代えて，所轄税務署長の承認を受けた課税売上割合に準ずる割合によって仕入控除税額を計算することもできます。

14. 課税売上割合に準ずる割合

使用人の数又は従事日数の割合，消費又は使用する資産の価額，使用数量，使用面積の割合といったものなど，課税売上げと非課税売上げに共通して要する課税仕入れ等の性質に応じて算出した合理的な割合をいいます。

15. 一括比例配分方式

その課税期間中の課税仕入れ等に係る消費税額が，個別対応方式における「課税売上げにのみ要する課税仕入れ等に係るもの」，「非課税売上

げにのみ要する課税仕入れ等に係るもの」，「課税売上げと非課税売上げに共通して要する課税仕入れ等に係るもの」のように区分されていない場合，又は区分されていても当該方式を選択する場合に適用します。仕入控除税額は，次の算式によって計算します。

（算式）
仕入控除税額＝課税仕入れ等に係る消費税額×課税売上割合

なお，一括比例配分方式を選択した場合には，2年間以上継続して適用した後でなければ，個別対応方式に変更することはできません。また，この方式においては，課税売上割合に準ずる割合は適用できません。

16. 住宅の貸付け

住宅（人の居住の用に供する家屋又は家屋のうち人の居住の用に供する部分をいう。）の貸付け（当該貸付けに係る契約において人の居住の用に供することが明らかにされている場合（当該契約において当該貸付けに係る用途が明らかにされていない場合に当該貸付け等の状況からみて人の居住の用に供されていることが明らかな場合を含む。）に限るものとし，一時的に使用させる場合その他の政令で定める場合を除く。）（消法別表第1十三）

17. 非課税取引

国内において行われる資産の譲渡等のうち，土地の譲渡及び貸付け等には消費税が課されません（消法6①，別表第1）。

18. 不課税取引

　国内において事業者が事業として対価を得て行う資産の譲渡等及び輸入取引に該当しない取引には消費税はかかりません。よって，国外取引や，給与，株式の配当金は消費税の課税対象となりません。

19. 居住用賃貸建物

　住宅の貸付けの用に供しないことが明らかな建物以外の建物であって，高額特定資産又は調整対象自己建設高額資産に該当するものをいいます（消法30⑩）。

20. 高額特定資産

　一の取引の単位につき，課税仕入れに係る支払対価の額（税抜）が1,000万円以上の棚卸資産または調整対象固定資産をいいます（消法12の4①，消令25の5①）。

21. 調整対象固定資産

　棚卸資産以外の資産で，建物及びその附属設備，構築物，機械及び装置，船舶，航空機，車両及び運搬具，工具，器具及び備品，鉱業権その他の資産で，消費税等を除いた税抜価格が100万円以上のものをいいます（消法2①十六，消令5）。

22. 第3年度の課税期間

　仕入れ等の課税期間の開始の日から三年を経過する日の属する課税期間をいいます（消法33②）。

23.　調整期間

居住用賃貸建物の仕入れ等の日から第三年度の課税期間の末日までの間をいいます（消法35の2①）。

24.　課税賃貸用

非課税とされる住宅の貸付け以外の貸付けの用をいいます（消法35の2①）。

25.　対価の額

税抜金額で，この対価の額について値引き等（対価の返還等）がある場合には，その金額を控除した残額で計算します（消法28①，39①）。

26.　課税譲渡等調整期間

居住用賃貸建物の仕入れ等の日からその居住用賃貸建物を他の者に譲渡した日までの間をいいます（消法35の2③）。

27.　資本的支出

事業の用に供されている資産の修理，改良等のために支出した金額のうち当該固定資産の価値を高め，又はその耐久性を増すこととなると認められる部分に対応する金額をいいます（消基通11-7-5）。

28.　適格請求書（インボイス）

売手が買手に対して，正確な適用税率や消費税額等を伝えるものです。具体的には，現行の「区分記載請求書」に「登録番号」，「適用税率」及び「消費税額等」の記載が追加された書類やデータをいいます。

29. 軽減税率制度

　2019年10月１日に消費税等（消費税及び地方消費税）の税率が，８％から10％に引き上げられましたが，「酒類・外食を除く飲食料品」と「定期購読契約が締結された週２回以上発行される新聞」については，軽減税率（８％）が適用されています。

30. 免税売上

　事業者が国内において行う課税資産の譲渡等のうち，輸出取引等については消費税が免除されます（消法７）

＊本用語解説は国税庁HP等を参考にして著者作成。

＜著者紹介＞

佐々木　重徳 （ささき　しげのり）
税理士，不動産鑑定士，宅地建物取引士

不動産鑑定会社，太田昭和アーンストアンドヤング（現EY税理士法人）を経て，モルガン・スタンレー証券会社（現モルガン・スタンレーMUFG証券）入社。不動産融資及び証券化業務に携わる。その後，アジリティー・アセット・アドバイザーズにて不動産の取得，投資分析及びアセットマネジメント業務に従事。日系大手税理士法人では，相続専門部署にて税務申告（法人税，所得税，消費税，相続税，贈与税），非上場株式の評価・同族間売買・自社株の承継等の資産税業務に携わる。また，メガバンクへ出向し，富裕層向けビジネスを支援。現在は，不動産の取得・運用・売却に係るアドバイザリー業務，税務上の不動産鑑定評価，税務申告，資産税業務を中心とした，「不動産」と「税務」のワンストップサービスを提供している。

【著書】
『税理士・会計事務所職員のための不動産取引の基礎知識』（中央経済社）
『アセットマネジャーの着眼力　間違いだらけの不動産投資』（中央経済社）
『顧問税理士が教えてくれなかった　相続税対策になる不動産投資（中央経済社）
『大人のお金の遣い方』（中央経済社）

【現職】
株式会社ウェルスアドバイザーズ　代表取締役
佐々木不動産鑑定士・税理士事務所　代表

不動産事業者の消費税インボイス登録する？しない？

2023年5月10日　第1版第1刷発行

著　者　佐　々　木　重　徳
発行者　山　本　　　　継
発行所　㈱中　央　経　済　社
発売元　㈱中央経済グループ
　　　　パ ブ リ ッ シ ン グ

〒101-0051　東京都千代田区神田神保町1‐35
電話　03 (3293) 3371（編集代表）
　　　03 (3293) 3381（営業代表）
https://www.chuokeizai.co.jp
印刷／㈱堀内印刷所
製本／㈲井上製本所

ⓒ 2023
Printed in Japan